درآمدی بر

بحران مالی جهانی

سرشناسه: نظربلند، غلامرضا، ۱۳۳۲ ـ
عنوان و پدیدآور: درآمدی بر بحران مالی جهانی، غلامرضا نظربلند.
مشخصات نشر: تهران، نشر نی، ۱۳۸۸.
مشخصات ظاهری: ۱۶۰ ص.
شابک: 978-964-185-092-2
وضعیت فهرست‌نویسی: فیپا
موضوع: بحران امور مالی ـ ایالات متحده؛ رکود اقتصادی ـ ۲۰۰۸ م ـ
ایالات‌متحده؛ ایالات‌متحده ـ اوضاع اقتصادی ـ ۲۰۰۸ م.
رده‌بندی کنگره: ۱۳۸۸ ۳ ب ۶ ن / ۳۷۲۲ HB
رده‌بندی دیویی: ۳۳۲/۰۹۷۳
شماره کتابشناسی ملی: ۱۷۵۹۲۸

تقدیم

به

مصطفی

۹۰/۱۱/۳۰

دکتر غلامرضا نظربلند

درآمدی بر
بحران مالی جهانی

نشر نی

نشـرنی

درآمدی بر
بحران مالی جهانی
دکتر غلامرضا نظربلند

ویراستار عبدالله کوثری
چاپ اول تهران، ۱۳۸۸
تعداد ۱۶۵۰ نسخه
قیمت ۳۰۰۰ تومان
لیتوگرافی باختر
چاپ غزال
ناظر چاپ بهمن سراج

شابک ۲ ۰۹۲ ۱۸۵ ۹۶۴ ۹۷۸

www.nashreney.com

برای یار ...

فهرست مطالب

به نام خداوند جان و خرد

بحران مالی جاری که جهان را درنوردیده اگرچه با دیگر بحران‌های اقتصادی چون بحران بزرگ بی‌شباهت نیست، ولی با آن وجه افتراقی کلی دارد. این بحران پیش از آنکه از دل نظام الگوی انباشت سرمایهٔ صنعتی بیرون بیاید، از الگوی سرمایهٔ مالی نشئت گرفته است. این نکته‌ای است که بی‌توجهی به آن، شناخت صحیح بحران مزبور را غیرممکن می‌سازد.

نوشتار حاضر با درک این وجه تمایز، تلاش خود را متوجه شناخت بحران کرده و با استفاده از روشی علمی و رویکردی فنی درصدد برآمده است تا به علل و عوامل آن بپردازد.

از آن‌جا که ناچار بودیم اصطلاحات مالی فراوانی را به کار گیریم، برای استفادهٔ غیرمتخصصان فصل نخست کتاب را به آشنایی با ادبیات موضوع اختصاص دادیم.

با شناخت بحران مالی جاری می‌توان به آثار و تبعات آن پی برد. از این رو، در صورت اشتیاق خوانندگان، نگارنده وظیفهٔ خود می‌داند که به یاری حق جلد دوم کتاب حاضر را به آثار و تبعات مزبور اختصاص دهد و آن را تقدیم کند.

در تهیه و تنظیم این نوشتار عزیزان و بزرگوارانی چند مشوق و کمک‌کار نگارنده بودند. مرضیه‌السادات حسینی در همهٔ مراحل یار و یاور بود. ویرایش استاد عبدالله کوثری نوشتار را روان کرد. آزاده نظربلند به آن نظم و نسق داد. جناب جعفر همایی آن را به زینت طبع آراست. حق یارشان و توفیق رفیقشان.

در خاتمه ضمن تشکر از آقایان حسین شیخ‌الاسلام، سید علی موجانی، ابوالقاسم قاسم‌زاده و علی بی‌نیاز از عزیزانی که با چاپ این اثر رنج مطالعهٔ آن را بر خود هموار می‌کنند، تقاضا می‌کنم مرا از نقد و انتقادشان بی‌نصیب نگذارند.

غلامرضا نظربلند

ghrnazar@yahoo.com

فصل اول

مروری گذرا بر ادبیات موضوع

از آن‌جا که نوشتار حاضر از مقولات و موضوعاتی سخن می‌گوید که متضمن اصطلاحات مالی زیادی است، لذا برای قابل استفاده بودن آن برای عموم در آغاز با هم ادبیات موضوع را مرور می‌کنیم.

پول و اعتبار: عهد قدیم، عصر جدید

تاریخچه

دادوستد کالا و خدمات مسیر تکاملی خود را در طول هزاران سال پیموده است. در آغاز، معاملات به روش پایاپای صورت می‌گرفت. با رواج سکه تحولی در این عرصه به وجود آمد، به گونه‌ای که پول فلزی به‌تدریج به‌عنوان وسیلهٔ پرداخت در معاملات بین‌المللی مورد استفاده قرار گرفت. در ابتدا، ارزش معاملات بر اساس ارزش فلز به‌کاررفته در آن سکه‌ها تعیین می‌شد، لیکن با افزایش تدریجی تعداد سکه‌های در گردش، اعتماد عمومی به این وسیلهٔ پرداخت بیش‌تر شد و صرافان حرفه‌ای سرزمین خاورمیانه برآن شدند که فقط بابت بخشی از ارزش کل معاملات، سکه‌های رایج مبادله کنند که به این ترتیب، سکهٔ کم‌تری مورد نیاز بود.

در پی سقوط امپراطوری روم و در طول دورهٔ معروف به قرون سیاه، روند رو به افزایش معاملات معکوس شد. لیکن با فرارسیدن قرن یازدهم میلادی وضعیت تجارت بین‌الملل و جریان سرمایه به حالت قبلی بازگشت و سپس رونقی بیش از پیش گرفت، به گونه‌ای که نظام پولی مسکوکات دیگر نمی‌توانست پاسخ‌گوی نیازهای جدید باشد. از این رو، شکل نوینی از بانکداری تجاری بین‌المللی پا به عرصهٔ وجود گذاشت. بانک‌های تجاری به افتتاح شعبه و توسعهٔ روابط بین بانکی با بانک‌های کارگزار در سایر کشورها دست زدند. برات قابلیت انتقال پیدا کرد و به این طریق شکل جدیدی از پول به وجود آمد.[۱]

تحولات یادشده موجب انعطاف بازار و افزایش قابل توجه مبادلات شد و نظام نقدی خالص جای خود را به نظام ترکیبی، مرکب از نقد و اعتبار، داد.[۲] در این زمینه، زرگرهای انگلیسی نقشی تاریخی ایفا کردند. آن‌ها با در اختیار داشتن گاوصندوق‌های محکم، سکه‌های طلا و نقرهٔ مردم را به امانت می‌گرفتند و در آن صندوق‌ها می‌گذاشتند و برای صاحبانش رسید صادر می‌کردند. این رسیدها شاید اولین نوع اوراق

---

۱. به طور کلی، نظام پولی و بانکی بین‌المللی وامدار ایتالیایی‌هاست. بانک کلمه‌ای ایتالیایی و به معنی نیمکت است. بانکداران وقت ایتالیا (قرون ۱۳ و ۱۴ و ۱۵) روی نیمکت می‌نشستند و عملیات بانکی انجام می‌دادند. همچنین قدیمی‌ترین بانک جهان به معنی امروزی آن، در سال ۱۴۷۲ در ایتالیا تأسیس شد. به علاوه، برای مدتی طولانی شهر ایتالیایی فلورانس مهم‌ترین مرکز بانکی جهان بود. فلورن، که از فلورانس گرفته شده، تا سالیان سال واحد پول برخی از کشورهای اروپایی از جمله انگلیس، هلند، و مجارستان بود.

استفن والدز و جولیان وود، ***مبانی بازارهای مالی جهانی***، ترجمهٔ منوچهر فکری ارشاد (تهران: سازمان مدیریت صنعتی، ۱۳۸۶)، ص ۳۳.

2. Paul Bishop and Don Dixon, *Foreign Exchange Handbook: Managing Risk and Opportunity in Global Currency Markets* (New York: McGraw-Hill, 1992), p. 4-5.

بهاداری باشد که بازار، آن را تجربه کرد. زرگرها سپس دریافتند که همهٔ سپرده‌گذاران همزمان با هم برای استرداد سپرده‌های خود به آن مراجعه نمی‌کنند و فقط بخشی از آن‌ها سپرده‌هایشان را مطالبه می‌کنند. این تجربهٔ حرفه‌ای زرگرها را بر آن داشت که بخشی از طلای موجود را نزد خود نگه دارند و بقیه را به کسانی که می‌خواستند طلا قرض بگیرند، قرض دهند.[۱] در این‌جا بود که آنچه بعداً «نظریهٔ بانکداری مبتنی بر ذخیرهٔ جزئی»[۲] نام گرفت، عملاً پدید آمد.[۳]

در تحول بعدی، رسیدهای زرگران تبدیل به اسکناس رسمی شد. نخستین اسکناس رسمی در سال ۱۶۶۱ توسط بانک سویس انتشار یافت[۴] و باعث شد که نظام پولی اعتباری رسماً شکل گیرد. در این نظام

---

۱. مجتبی زمانی فراهانی، ***پول، ارز و بانکداری*** (تهران: ترمه، ۱۳۸۳)، ص ۱۸۸-۱۸۵.
گفتنی است که در سال ۱۶۷۲ ضربهٔ سنگینی به بانکدارهای زرگر وارد شد، چرا که در آن سال چارلز دوم نتوانست وام کلانی را که از آن‌ها گرفته بود، بازپرداخت کند. این واقعه موجب ترس سپرده‌گذاران شد و آن‌ها را برآن داشت تا برای بازپس‌گیری سپرده‌هایشان به زرگرهای بانکدار هجوم برند. وضعیت آشفته و پیش‌بینی‌نشدهٔ مورد اشاره که این بانکدارهای جدید را به مبارزه‌ای سخت طلبیده بود، موجب شکستی بزرگ برای آن‌ها شد و آن شکست چیزی نبود جز سلب اعتماد عمومی از آن‌ها. واقعهٔ مزبور حاوی پیامی روشن و قاطع بود مبنی بر این‌که هر مؤسسهٔ مالی و اعتباری به‌طور اعم، از یک طرف باید جلب اعتماد کند و از طرف دیگر، نباید اعتمادی را که جلب کرده، از دست بدهد.
پال اس. ندلر، ***بانکداری تجاری در اقتصاد***، ترجمهٔ نصرالله وقار (تهران: مؤسسه علوم بانکی ایران، ۱۳۵۳)، ص ۲۷ــ۲۵.

2. fractional reserve banking system

۳. یوسف فرجی، ***پول، ارز و بانکداری*** (تهران: شرکت چاپ و نشر بازرگانی، ۱۳۸۲) ص ۶۹ــ۶۷.

۴. پال اس. ندلر، ***همان***، ص ۳۵.
گفتنی است که در ایران در قرن هفتم هجری قمری و در زمان ایلخان مغول کیخاتو به

←

پولی، تقاضا برای پول به‌دلیل پول بودن و نه به‌علت کالا بودن، است و اسکناس هم مانند ورقهٔ قرضه، بدون تاریخ و بدون بهره است. از این رو، در ترازنامهٔ بانک ناشر در ستون بدهی درج می‌شود.

آنچه تحت عنوان تجربهٔ حرفه‌ای زرگرها از آن یاد شد و امروزه هم بانکداری نوین وارث آن است و به عبارتی، پشتوانهٔ نظام بانکی ذخیره جزئی است را قدرت «اهرم» می‌گویند.

قدرت «اهرم» محدود به بازار پول[1] نیست و در عرصهٔ بازار سرمایه نیز موجود است. به عبارت دیگر، این دو بازار علی‌رغم تفاوت‌های موجود، در استفاده از این قدرت دارای فصل مشترک هستند.

اهرم

نسبت بدهی‌های بلندمدت به حقوق صاحبان سهام را «اهرم»[2] یا «اهرم مالی»[3] می‌گویند. به عبارت دیگر، اهرم مالی عبارت است از میزان یا ضریب اتکا به وام. بدیهی است که هر چقدر بدهی بلندمدت شرکتی بیش‌تر باشد، اتکای آن به وام بیش‌تر یا به اصطلاح، آن شرکت اهرمی‌تر[4] است.

این استعاره (اهرم مالی) از دو مفهوم رایج در علم مکانیک، یعنی

علت وضع بد مالی و فقدان طلا اولین‌بار اسکناس‌هایی از کاغذ با مهر حکومت منتشر شد که البته مردم به آن اعتماد نکردند و بعد از مدتی حکومت آن را جمع کرد. این پول را چاومبارک می‌گفتند.

عباس اقبال، ***تاریخ مغول*** (تهران: امیرکبیر، ۱۳۸۴)، ص ۲۴۹.

۱. money market، بازار پول، بازار کوتاه‌مدتی (یک ساله) است که در آن بانک‌ها و سایر مؤسسات پولی و اعتباری وام می‌دهند و وام می‌گیرند. به عبارت دیگر، این بازار برخلاف بازار سرمایه که در آن استقراض بلندمدت رواج دارد، به استقراض کوتاه‌مدت می‌پردازد.

۲. بریتانیایی‌ها به اهرم leverage و امریکایی‌ها به آن gearing می‌گویند.

3. financial leverage

4. highly leveraged

چرخ‌دنده و اهرم گرفته شده است. چرخ‌دنده به انسان امکان می‌دهد تا با نیرویی مشخص، کار بیش‌تری انجام دهد. اهرم هم دقیقاً همین کار را می‌کند. ارشمیدس می‌گفت:

> به من تکیه‌گاهی بدهید تا کرهٔ زمین را با اهرم از جا تکان بدهم.[۱]

بنگاه‌های اقتصادی سعی می‌کنند از اهرم مالی حداکثر استفاده را ببرند. این بنگاه‌ها تا حدی اهرمی می‌شوند که بازده وام دریافتی بیش از هزینهٔ آن (بهرهٔ وام) باشد. بدیهی است در غیر این صورت توسل به اهرم نه‌تنها فایده ندارد، بلکه حتی ممکن است موجب ضرر سهامداران شود. بنابراین باید در مورد استفاده از اهرم دقت لازم به عمل آید.

در فرهنگ سرمایه‌گذاری، اهرم به معنی افزایش بازده یا ارزش، بدون افزایش سرمایه‌گذاری است. وام گرفتن نمونه‌ای از به کارگیری اهرم است. سرمایه‌گذاران با توسل به این روش بدون آنکه از جیب خود وجهی بپردازند، درآمد کسب می‌کنند. به عبارتی، اهرم به معنای استفاده از پول دیگران برای پول درآوردن بیش‌تر است.

استفاده از اهرم به تیغ دو لب می‌ماند. مثلاً در مورد خرید نسیهٔ سهام شرکت‌ها (خرید با استفاده از حساب اعتباری خریدار نزد کارگزار خود)، اگر قیمت سهام خریداری شده به این طریق (خرید اهرمی) افزایش یابد، خریدار سود می‌برد. اما اگر قیمت آن سهام کاهش یابد، خریدار مزبور نه تنها سود نمی‌برد، بلکه متضرر هم می‌شود، چراکه بدهی او به کارگزار به همان مقدار قبل از کاهش ارزش سهام خریداری شده، است.[۲]

---

۱. استفن والدز و جولیان وود، *همان*، ص ۲۶.

2. Michael Sincere, *Understanding Stocks* (New York: Mcgraw-Hill, 2004), p. 63.
گفتنی است که خرید اهرمی سهام ممکن است به شدت خطرناک باشد و آن در

←

اوراق بهادار تبدیل‌پذیر[۱] نیز متضمن استفاده از اهرم است. این نوع اوراق بهادار و ابزارهای مالی دیگری چون حق‌تقدم‌سهام[۲]، حق خرید سهام[۳]، و قراردادهای اختیار معامله[۴] از آن‌جا که می‌توانند برای سرمایه‌گذار با سرمایه‌گذاری کم‌تر بازده بیش‌تر کسب کنند، دارای خاصیت اهرمی هستند.

ابزار مالی[۵]

«ابزار مالی» به هرشکل سرمایه‌گذاری در بازار سهام یا هر بازار مالی دیگری مانند اوراق قرضه، وام، ارز، گواهی سپرده، برات، و غیره گفته می‌شود.

در واژگان مالی، «ابزار مالی»، «دارایی مالی»[۶]، و «اوراق بهادار»[۷] به جای هم به کار می‌روند.

صورتی است که قیمت سهام خریداری شده کاهش یابد، چراکه در بازار سهام معمولاً شیب کاهش قیمت سهام تندتر از شیب افزایش آن است.

۱. اوراق بهادار تبدیل پذیر (convertibles)، نظیر سهام ممتاز یا اوراق قرضه، به آن دسته از اوراق بهادار شرکتی می‌گویند که به میزان و به قیمت از پیش تعیین شده‌ای قابل تبدیل به سهام عادی است. این اوراق با داشتن چنین قابلیتی (تبدیل‌پذیری) برای سرمایه‌گذارانی که در صدد کسب درآمد بیش‌تری نسبت به سهام ممتاز و اوراق قرضه هستند، گزینهٔ مناسب‌تری است.

۲. حق تقدم سهام (rights)، حقی است که به سهامداران فعلی تعلق دارد و آن‌ها با استفاده از آن می‌توانند در صورت افزایش سرمایه، سهام جدید (در شکل برگ حق تقدم که بعداً به برگ سهام تبدیل می‌شود) را با تخفیف (معمولاً قیمت اسمی) خریداری کنند.

۳. حق خرید سهام (warrants)، اختیار خرید تعداد مشخصی سهام در دوره‌ای خاص است. حق خرید سهام معمولاً تاریخ انقضای معینی دارد، هرچند که در برخی از موارد دائمی است.

4. options

5. financial instrument

۶. financial asset، دارایی مالی که به آن دارایی نامشهود نیز می‌گویند نقطهٔ مقابل دارایی مشهود (نظیر ساختمان و اسباب‌واثاثیه) و نمایندهٔ حق قانونی در مورد منفعت آتی است.

7. securities

ابزار مشتقه[1]

«ابزار مشتقه» نوع پیشرفته و پیچیدهٔ ابزار مالی است که ارزش آن بر پایهٔ عملکرد دارایی‌های مالی، نرخ بهره، نرخ ارز، شاخص‌های مختلف داخلی و بیرونی، یا نوعی سرمایه‌گذاری (کلاً موسوم به «دارایی مبنا[2]») استوار است. به عبارت دیگر، ابزار مشتقه ارزش خود را از چیز دیگری (همان دارایی مبنا) می‌گیرد و وجه تسمیهٔ آن (مشتقه) همین است.

قرارداد آتی[3] و قرارداد اختیار معامله[4] دو نمونهٔ مهم ابزار مشتقه‌اند که دارندهٔ آن را موظف یا مختار می‌کند که دارایی موضوع قرارداد را در زمانی در آینده بخرد یا بفروشد.

اختیار معامله انواع گوناگونی دارد. اختیار معاملهٔ سهام نوعی از آن است. از آن‌جا که این نوع اختیار معامله هم مانند سایر اختیار معامله‌ها از ابزارهای مشتقه به‌شمار می‌آید، لذا ارزش آن تابع ارزش دارایی مبنا (در این‌جا، سهام مبنا) بوده و به تبعیت از عملکرد آن دارایی تغییر می‌کند. به‌عنوان مثال، ارزش اختیار معاملهٔ سهام شرکت الف تابع عملکرد آن شرکت (به‌عنوان متغیر مستقل) است. به این معنی که اگر شرکت مزبور سودآور بود، ارزش سهام آن افزایش می‌یابد و اگر زیان‌آور بود، ارزش مزبور کاهش می‌یابد. در نتیجه، اگر حالت اول به وقوع پیوست، ارزش اختیار معاملهٔ سهام شرکت یادشده، افزایش می‌یابد و در حالت دوم، کاهش پیدا می‌کند.

اختیار معاملهٔ مبتنی بر قرارداد آتی نوع پیچیده‌تر مشتقه‌ها است. در این نوع مشتقه، ارزش اختیار معامله با تغییر ارزش قرارداد آتی تغییر می‌کند، که این (ارزش قرارداد آتی) نیز به‌نوبهٔ خود با تغییر ارزش دارایی یا اوراق بهادار مبنا تغییر می‌کند.

---

1. derivative instruments
2. underlying asset
3. futures
4. options

از آن جا که مشتقه‌ها هم خاصیت اهرمی دارند کاربرد آن‌ها ممکن است دوگانه باشد:

۱. کاربرد تأمینی[1]

به کارگیری ابزار مشتقه به‌منظور مدیریت ریسک دارایی‌های مالی، مصداق کاربرد تأمینی این ابزار است. شرکت‌های سرمایه‌گذاری و بانک‌ها معمولاً با این هدف از ابزار یاد شده استفاده می‌کنند.

۲. کاربرد سفته‌بازی[2]

کاربرد سفته‌بازی مشتقه‌ها، به‌منظور کسب سود از این ابزار است. گسترش کمی و کیفی ابزارهای مشتقه بیش‌تر از این ناشی می‌شود که نظام پولی بین‌المللی کنونی که بر پایهٔ شناوری نرخ برابری ارزها استوار است، سرمایه‌گذاران ریسک‌گریز را وادار کرده تا برای مقابله با نوسانات ارزی دست به دادوستد تأمینی بزنند. این در حالی است که چنین ریسکی به آن دسته از فعالان بازار که ریسک‌پذیرند (به طور کلی سفته‌بازان) منتقل می‌شود. به عبارت دیگر، مشتقه‌ها در حالی که از خاصیت ضربه‌گیری در برابر ریسک برخوردارند (خاصیتی که مورد بهره‌برداری سرمایه‌گذاران ریسک‌گریز است)، اسباب لازم را برای سفته‌بازی کوتاه‌مدت فراهم کرده و موجب تقویت وضعیت اهرمی بازار می‌شوند. این امر می‌تواند منجر به افزایش نوسان در سطح کلان اقتصادی شود.

علاوه بر موارد پیش‌گفته، ابزار مشتقه به‌دلیل پیچیدگی[3]، عدم

---

1. hedging
2. speculation

۳. پیچیدگی ابزار مشتقه به قدری است که اگر سرمایه‌گذاری که پای به بازار این نوآوری مالی می‌گذارد از آن به حد کافی سر در نیاورد (که معمولاً همین طور است)، خود را در معرض قمار اهرمی قرار می‌دهد. پیچیدگی ابزار مشتقه گاه می‌تواند منجر به لاپوشانی ریسک شود، به‌طوری که ناظران و تنظیم کنندگان بازار و هم‌چنین خود سرمایه‌گذاران نتوانند از ریسکی که با آن مواجهند سر درآورند.

←

شفافیت، و مواردی از این قبیل، بستر لازم را برای فرار از مالیات، دست‌کاری قیمت‌ها، کلاهبرداری و... فراهم می‌سازد.

مشتقه‌ها هرچند همچون شبکهٔ ایمنی جلوه می‌کنند، ممکن است ناخواسته موجب ریسک‌پذیری بیش‌تر سرمایه‌گذاران شوند. در جریان آنچه اخیراً منجر به بحران اعتباری شد، سرمایه‌گذاران تا توانستند به بازار ثانویهٔ رهن روی آوردند و برای بیمهٔ سرمایه‌گذاری خود در مقابل زیان‌های احتمالی، مبادرت به خرید سواپ نکول اعتباری[1] کردند. آن‌ها تا وقتی که قیمت مسکن[2] در حال افزایش بود، اطمینان خاطر داشتند و فروشندگان سواپ نکول اعتباری هم که خود را شریک ریسک سرمایه‌گذاران می‌دانستند، روی مطمئن بودن سرمایه‌گذاری در اوراق بهادار رهنی شرطبندی (قمار) می‌کردند.

سواپ نکول اعتباری

طبق تعریف، سواپ نکول اعتباری نوعی ابزار مالی است که دارندگان اوراق قرضه و سایر انواع اوراق بهادار را در برابر ریسک نکول، بیمه می‌کند.[3] به

World Economic and Social Survey 2005: Financing for Development (New York: United Nations Publications, 2005), p. 90-94.

1. credit default swap

۲. یعنی دارایی مبنا که ارزش اوراق بهادار رهنی از آن ناشی می‌شود.

۳. اطلاق بیمه‌نامه به سواپ نکول اعتباری چندان صحیح به نظر نمی‌رسد، زیرا کسی که بیمه‌نامه‌ای می‌فروشد باید سرمایهٔ لازم را در اختیار داشته باشد تا به هنگام لزوم بتواند پرداخت‌ها را از آن محل انجام دهد. حال آن که در مورد ابزار مالی مزبور چون پیش از آن که بیمه‌نامه باشد، نوعی سواپ است، الزامی به کنار گذاشتن ذخیرهٔ سرمایه‌ای وجود ندارد.

گفتنی است که در جریان بحران مورد بحث این نوشتار، وقتی که اوراق بهادار با پشتوانهٔ رهن با مشکل روبه‌رو شد، بانک‌های سرمایه‌گذاری، شرکت‌های بیمه، و... که

←

عبارت دیگر، در این نوع سواپ، یکی از طرفین (فروشنده) متعهد می‌شود که از طرف دیگر (خریدار) در برابر ریسک اعتباری (نکول) دارایی‌های مالی او حمایت کند و خریدار هم به متعهد مزبور پرداخت‌های دوره‌ای به عمل می‌آورد.

یکی از انواع سواپ نکول اعتباری تضمین اوراق بهادار با پشتوانهٔ رهن است که خریداران اوراق بهادار مزبور را در برابر مواردی چون ورشکستگی، کاهش رتبهٔ اعتباری، و... بیمه می‌کند.

بازار سواپ نکول اعتباری، یا به عبارت معروف، بازار سایهٔ وال استریت[1] که مظهر نظام بانکداری سایه[2] یا نظام مالی سایه[3] است، مرزها را درنوردیده و محدودیت‌های جغرافیایی را پشت سر گذاشته است. این بازار تقریباً تابع قانون و مقرراتی نیست و نظارتی بر آن صورت نمی‌گیرد.

شاید همین درهم نوردیده شدن مرزها و نبود نظارت بر بازار سواپ نکول اعتباری است که باعث شده تا این نوع مشتقه عامل بی‌ثباتی شود، حال آن‌که به لحاظ نظری مشتقه‌ها می‌توانند با تنوع بخشیدن به پرتفوی[4] سرمایه‌گذاران، موجب کاهش ریسک شوند و در عین حال، منبع مالی جدیدی را پیش روی آن‌ها بگشایند و به بازارهای سرمایه عمق بخشند.

شاید ماهیت مشتقه‌ها و نوع کارکرد و شرایط پیرامونی بازار ایجاب می‌کند که سرمایه‌گذاران خود را محدود به کاربرد تأمینی این ابزار نکنند و کاربرد سوداگرانه (سفته‌بازی) آن را هم در نظر گیرند. واکنش چینی‌ها به جاری شدن سیل پول به کشورشان در سال ۲۰۰۴ مثال خوبی در این

مبادرت به فروش سواپ نکول اعتباری کرده بودند، نتوانستند از عهدهٔ تعهدات خود برآیند، چراکه منابع لازم برای این کار را کنار نگذاشته بودند.

1. Wall Street's Shadow Market
2. shadow banking system

۳. shadow financial system، در همین فصل به نظام مالی سایه پرداخته می‌شود.

۴. portfolio، به سبد اوراق بهادار، پرتفوی یا بدره می‌گویند.

زمینه است. در چین تا سال ۲۰۰۴ معاملات ابزارهای مشتقه توسط مؤسسات مالی چندان رواج نداشت. به دنبال پیش‌بینی فعالان بازارهای مالی جهان مبنی بر افزایش ارزش یوان، سیل وجوه به این کشور سرازیر شد. چینی‌ها از این حرکت استقبال کردند و در ماه مارس آن سال به بانک‌های خارجی اجازه دادند تا فعالیت‌های مربوط به ابزارهای مشتقهٔ خود را با شرکت‌های چینی گسترش دهند. به این ترتیب، محدود بودن معاملات مشتقهٔ بانک‌های خارجی با شرکت‌های چینی به موارد تأمینی که تا آن تاریخ وجود داشت، برداشته شد و به «کلیهٔ کاربردهای موجه تجاری» (اشارهٔ تلویحی به مواردی که متضمن سفته‌بازی است)، گسترش یافت.[1]

تبدیل دارایی‌ها به اوراق بهادار[2]

افزایش تقاضای وام مسکن از زمان خاتمهٔ جنگ جهانی دوم به بعد، و ناتوانی شیوه‌های سنتی در پاسخ‌گویی به این نیاز رو به افزایش، مؤسسات مالی سپرده‌پذیر را به چاره‌اندیشی واداشت. «تبدیل دارایی‌ها به اوراق بهادار» مهم‌ترین راهکاری بود که به نظر می‌رسید کارگشا باشد.

«تبدیل دارایی‌ها به اوراق بهادار» فرآیند ساماندهی‌شده‌ای است که به موجب آن منافع وام یا سایر دریافتنی‌ها (مطالبات)، بسته‌بندی (اصطلاحاً تحت عنوان بستهٔ مالی) و پذیره‌نویسی می‌شود و در قالب اوراق بهادار با پشتوانهٔ دارایی[3] به فروش می‌رسد. این محصول مالی از دههٔ ۷۰ قرن بیستم در قالب وام‌های یک کاسه وارد بازار شد. قبل از آن، بانک‌ها معمولاً وام‌های پرداختی را تا زمانی که بازپرداخت می‌شد، به‌عنوان

1. *Ibid.*, p. 93
ناگفته نماند که ظاهراً چینی‌ها تا حدودی جانب احتیاط را رعایت‌کردند و همچنان بانک‌ها را به رعایت قوانین کشورشان درخصوص محدودیت‌های ارزی ملزم ساختند.

2. asset securitization

3. Asset-Backed Securities (ABS)

دارایی در حساب‌های خود نگه می‌داشتند. وام‌های مزبور عمدتاً از محل سپرده‌ها تأمین می‌شد.

از «تبدیل دارایی‌ها به اوراق بهادار» به‌عنوان یک نوآوری در عرصهٔ مهندسی مالی یاد می‌شود. پرسابقه‌ترین رئیس فدرال رزرو، آلن گرینسپان (۱۹۸۷ـ۲۰۰۶)، در وصف این پدیده چنین می‌گوید:

> هرچند که تبدیل دارایی‌ها به اوراق بهادار در قضیهٔ وام‌های دون‌اعتبار مورد سوءاستفاده قرار گرفت، معذالک آن را باید یک نوآوری ارزشمند مالی دانست که ریسک را از مؤسسات به‌شدت اهرمی‌شده انتقال می‌دهد.[۱]

به‌طور کلی، برای «تبدیل دارایی‌ها به اوراق بهادار» محاسنی برشمرده می‌شود که عبارت است از:

ـ به سرمایه‌گذارها امکان می‌دهد تا به طریق کاراتری تخصیص سرمایه دهند و با هزینهٔ کم‌تری به منابع متنوعی دست یابند. به‌طور مثال، استفاده از این پدیده در سرمایه‌گذاری در مسکن، به سرمایه‌گذار امکان می‌دهد تا هرقدر هم که سرمایه‌اش اندک باشد، به اندازهٔ آورده‌اش در یک ساختمان شش دانگ شریک شود.[۲]

ـ موجب نقدشوندگی می‌شود یا نقدشوندگی را افزایش می‌دهد. مثلاً، با تبدیل وام‌های رهنی به اوراق بهادار (اوراق بهادار با پشتوانهٔ

---

1. Alan Greenspan. "A response to my critics". Financial Times [on-line] Available: http://blogs.ft.com/wolfforum/2008/04/alan-greenspan-a-response-to-my-critics. [Accessed 6 April 2008].

۲. حسین عبده تبریزی، ***مجموعه مقالات مالی و سرمایه‌گذاری*** (تهران: پیشبرد، ۱۳۷۷)، ص ۳۱۶.

رهن[1])، وام رهنی فاقد نقدشوندگی، نقد می‌شود. این امر با ایجاد بازار ثانویهٔ رهن[2] تحقق می‌یابد. به عبارت دیگر، با ایجاد بازار ثانویهٔ رهن که ترجمان تبدیل دارایی‌ها به اوراق بهادار است، بازار اولیهٔ رهن دارای خاصیت نقدشوندگی می‌شود.

ـ موجب تقسیم یا به عبارتی توزیع ریسک می‌شود.

پیشینه، ساختار، و سازوکار وام‌های رهنی در امریکا

در پی وقوع بحران بزرگ (۱۹۳۳ـ۱۹۲۹)، دولت امریکا درصدد برآمد تا امکان خانه‌دارشدن مردم را بیش از پیش فراهم کند. از این رو، سازمان مسکن فدرال[3] در سال ۱۹۳۴ (درست بعد از خاتمهٔ بحران) تأسیس شد تا آنچه را که قانون ملی مسکن حول محور گسترش وام‌های رهنی مسکن و ساختمان مقرر کرده بود، تحقق بخشد. این سازمان وام رهنی به متقاضیان مسکن را بیمه می‌کند و در صورت بروز اشکال به وام‌دهندگان خسارت می‌پردازد.

طی دو، سه دهۀ گذشته، به موازات اعطای وام مسکن که طبعاً در بازار اولیه صورت می‌گیرد، بازار ثانویهٔ وام‌های رهنی شاهد گسترش زیادی

---

1. Mortgage Backed Securities (MBS)

۲. اصولاً بازار ثانویه (scondary market) مثل پلی، بازار سرمایه و بازار پول را به هم وصل می‌کند. بازار ثانویهٔ رهن، بازارهای سرمایهٔ بین‌المللی را به بازار تأمین مالی مسکن پیوند می‌زند. به این معنا که شرکت‌ها یا واسطه‌های مالی خاص ـ special purpose vehicle یا special purpose companies (sps) بسته‌های وام رهنی را از تأمین‌کنندگان این وام‌ها (بازار اولیهٔ رهن) خریداری و به پشتوانهٔ آن، اوراق بهادار منتشر می‌کنند. اوراق مزبور به سرمایه‌گذاران فروخته و از محل فروش به بازار اولیهٔ نقدینگی تزریق می‌شود.

مسعود کیومرثی، بازار رهن و نارسایی تأمین مالی مسکن، بولتن ۲۸ ادارهٔ بررسی‌ها و سیاست‌های اقتصادی بانک مرکزی، ۱۳۸۴.

3. Federal Housing Administration (FHA)

بوده است. در این بازار دو نوع فعل و انفعال صورت می‌گیرد:

۱ـ خرید و فروش قراردادهای رهن

با استفاده از این روش، وام‌دهنده تعدادی از قراردادهای وام رهنی را که جمعاً ارزش معینی دارد به یک شرکت بیمه یا سرمایه‌گذار نهادی[۱] می‌فروشد و منابع تخصیص داده‌شده بابت وام‌های پرداختی را آزاد می‌کند و دوباره آن را در جهت اعطای وام به کار می‌گیرد.

۲ـ یک کاسه کردن وام‌های رهنی[۲]

در این روش مؤسسات وام‌دهنده، اعم از بانک‌ها و مؤسسات مالی دولتی و خصوصی، وام‌های رهنی مشابه از حیث نرخ بهره، سررسید و طبقهٔ مالکیت را یک کاسه می‌کنند و از ترازنامه بیرون می‌آورند و به پشتوانهٔ آن، اوراق بهادار منتشر می‌کنند. اوراق بهادار منتشر شدهٔ مزبور نوعی ابزار مشتقه[۳] است که ارزش آن از همان وام‌های یک کاسه (که دارایی مبنا به شمار می‌آید) برگرفته شده است.

هدف کسانی که دست به سرمایه‌گذاری در این نوع ابزار مشتقه می‌زنند استفاده از مزایایی چون نقدشوندگی[۴]، تنوع‌سازی[۵] و دریافت

---

۱. institutional investor، به سازمانی گفته می‌شود که معاملات بزرگ اوراق بهادار را انجام می‌دهد. بانک‌ها، صندوق‌های سرمایه‌گذاری مشترک، شرکت‌های بیمه، صندوق‌های بازنشستگی، و صندوق اتحادیه‌های کارگری از جمله سرمایه‌گذاران نهادی‌اند.

2. mortgage pool 3. derivatives

۴. liquidity، نقدشوندگی مورد اشاره در متن عبارت است از توانایی نقدشدن در سریع‌ترین وقت ممکن. حساب جاری که از محل آن چک کشیده می‌شود، دارای چنین خاصیتی (نقدشوندگی) است. اسناد خزانه و صندوق سرمایه‌گذاری مشترک بازار پول از دیگر مظاهر نقدشوندگی‌اند.

۵. diversification، تنوع‌سازی عبارت است از قرار دادن دارایی‌ها در چند طبقهٔ سرمایه‌گذاری، نظیر سهام، اوراق قرضه، ابزارهای بازار پول، فلزات قیمتی، و... به عبارت ساده‌تر، گذاشتن تخم‌مرغ‌ها در چند سبد.

سود به نسبت سهم خود از مالکیت مشترک است.

از زمان تأسیس سازمان مسکن فدرال، مؤسساتی که مهم‌ترین نقش را در بازار ثانویهٔ رهن به عهده داشته‌اند عبارتند از:

۱. انجمن فدرال وام‌های رهنی ملی[1] مشهور به فانی‌می که در سال ۱۹۳۸ در قالب شرکت سهامی عام تحت حمایت مالی دولت فدرال شروع به فعالیت کرد. تشکیلات مزبور که تا این اواخر به تنهایی بزرگ‌ترین سرمایه‌گذار وام‌های رهنی بود، وظیفه دارد وام‌های رهنی را از وام‌دهندگان خریداری و آن را به اوراق بهادار تبدیل کند (اصطلاحاً اوراق انتقال وام‌های رهنی[2]) و به سرمایه‌گذاران بفروشد.

۲. شرکت وام رهنی مسکن فدرال[3] مشهور به فردی‌مک که در سال ۱۹۷۰ و آن هم در شکل حقوقی سهامی عام به‌وجود آمد. این سازمان که مانند فانی‌می اوراق انتقال وام‌های رهنی منتشر می‌کرد، با ایجاد بازارهای ثانویهٔ متعدد امکان خرید مشتقه‌های رهنی که پشتوانهٔ سازمان مسکن فدرال و انجمن پیش‌کسوتان[4] را با خود همراه داشت، برای سرمایه‌گذاران فراهم کرد.

شرکت وام رهنی مسکن فدرال بعداً و تا زمان وقوع بحران مورد بحث

---

1. Federal National Mortgage Association (Fannie Mae)

۲. pass-through security، لازم به توضیح است که بانک‌ها و سایر مؤسسات مالی که به‌عنوان بانی (originator) مبادرت به اعطای وام‌های رهنی می‌کنند، شماری از آن وام‌ها را یک کاسه می‌کنند و به فانی‌می می‌فروشند. فانی‌می به‌عنوان واسطه (مالی)، وام‌های یک کاسه مزبور را تبدیل به اوراق بهادار می‌کند (معمولاً تحت عنوان گواهی با پشتوانهٔ رهن mortgage-backed certificate) و به سرمایه‌گذاران می‌فروشد. خریداران این اوراق به نسبت سرمایه‌گذاری خود (اصطلاحاً حصه)، سود می‌برند.
گفتنی است که سود سرمایه‌گذاری از محل بازپرداخت اصل و فرع وام رهنی تأمین و از طریق واسطه به سرمایه‌گذار پرداخت می‌شود.

3. Federal Home Loan Mortgage Corporation (Freddie Mac)

4. Veterans Association

این نوشتار به ضمانت رهن‌های غیر دولتی که بالطبع نمی‌توانست چندان معتبر باشد نیز اقدام کرد.

۳. انجمن دولتی وام‌های رهنی ملی[1] مشهور به گینی‌می که شرکتی دولتی و از زیرمجموعه‌های وزارت مسکن و توسعهٔ شهری امریکاست. این شرکت فقط اوراق انتقال وام‌های رهنی را که از پشتیبانی سازمان مسکن فدرال و انجمن پیش‌کسوتان برخوردار است، ضمانت می‌کند.

همان‌گونه که ملاحظه می‌شود گینی‌می از فانی‌می و فردی‌مک محافظه‌کارتر است. به‌علاوه، از میان این دو، که تا قبل از وقوع بحران بیش از پنجاه درصد بازار نه هزار میلیارد دلاری رهن مسکن امریکا را در اختیار داشتند، فردی‌مک بی‌پرواتر عمل می‌کرد. این بی‌پروایی که بیش‌تر در مقررات‌زدایی ریشه داشت، آثاری از خود به جا گذاشت که در جای خود به آن می‌پردازیم.

وام رهنی بهره‌متغیر[2]

وام رهنی بهره‌متغیر که به دنبال افزایش نرخ‌های بهره در اواخر دههٔ ۱۹۸۰ رواج پیدا کرد، نوعی وام رهنی است که برخلاف وام رهنی بهره‌ثابت[3]، نرخ بهرهٔ آن تابع شرایط عمومی بازار است و بر آن اساس نوسان می‌یابد.

معمولاً، بازپرداخت وام رهنی بهره‌متغیر در سال‌های نخست با نرخ بهرهٔ اندک صورت می‌گیرد و یا حتی ممکن است وام‌گیرنده در طول این مدت معاف از بازپرداخت باشد. لیکن در سال‌های بعد، نرخ بهره بر

---

1. Government National Mortgage Association (Ginnie Mae)
2. Adjustable Rate Mortgages (ARM)
۳. fixed rate loans، نرخ بهرهٔ این نوع وام که به وام‌های متعارف معروف است، ثابت است و نرخ بهرهٔ اولیهٔ آن از نرخ بهرهٔ اولیهٔ وام‌های بهره متغیر بیش‌تر است.

اساس شاخص‌های متنوعی چون لیبور[۱]، نرخ بهرهٔ اسناد خزانه[۲]، و یا هزینهٔ تأمین وجوه وام‌دهنده تعدیل می‌شود.

اشکال این روش وقتی آشکار می‌شود که نرخ بهره در زمان تعدیل (بعد از دورهٔ کوتاه اولیه که نرخ بهره در آن مدت اندک است) زیاد باشد. در این صورت، خریدار مسکن دچار مشکل جدی می‌شود، به‌طوری‌که ممکن است نتواند از عهدهٔ پرداخت اقساط بدهی خود برآید. این اشکال در واقع از آن‌جا نشئت می‌گیرد که وام‌دهنده ریسک تغییر نرخ بهره را به عهدهٔ وام‌گیرنده می‌گذارد.

بانک‌ها و مؤسسات مالی مشابه به اعطای وام رهنی بهره‌متغیر رغبت بیش‌تری نشان می‌دهند، چرا که به‌طورکلی کوتاه‌بودن مدت سپرده‌های بانکی نسبت به وام‌های مسکن (که بلندمدت و در امریکا معمولاً ۳۰ ساله است)، بانک‌ها را با مشکلی به‌نام عدم تطابق دارایی-بدهی[۳] مواجه می‌کند. لذا آن‌ها ترجیح می‌دهند که زمان بازپرداخت وام‌ها را به تعویق بیاندازند، ولی نرخ بهره را متغیر قرار دهند.[۴]

---

۱. London Interbank Offered Rate (LIBOR)، لیبور یا «نرخ بهرهٔ بین بانکی لندن»، نرخ بهره‌ای است که عمدهٔ بانک‌های معتبر بین‌المللی که با معاملات دلار اروپایی (یورودلار) سروکار دارند، با آن (نرخ) بهرهٔ وام‌های بزرگ بین خود را محاسبه می‌کنند. لیبور می‌تواند شامل پول‌های مختلف، مانند پوند استرلینگ، دلار امریکا، ین ژاپن و یا هر پول دیگری نیز بشود. اگر پول مورد نظر یورو باشد، آن وقت لفظ یورولیبور (Eurolibor) به کار برده می‌شود.

۲. treasury bills، اسناد خزانه (اسناد خزانه‌داری امریکا) اوراق بهادار کوتاه‌مدتی است که ظرف یک سال یا کم‌تر سررسید می‌شود. این اوراق در نوع خود جزو معتبرترین اوراق بهادار به شمار می‌رود و به همین دلیل نرخ بهرهٔ آن معیار است.

3. asset liability mismatch

۴. معمولاً، وام‌های رهنی بهره متغیر برای وام‌گیرنده خیلی گران‌تر از نوع بهره ثابت آن تمام می‌شود. مثلاً هر قسط ماهیانهٔ یک فقره وام ۵۰۰,۰۰۰ دلاری با نرخ ثابت ۴

←

برای کاستن از عوارض سوء وام‌های بهره‌متغیر برای وام‌گیرندگان، نوعی ابزار مالی طراحی و وارد بازار شده که CAP (سقف مقرر) نامیده می‌شود. به موجب این ابزار جدید، افزایش نرخ بهره بیش از حد معین مجاز نیست.

وام‌های دون‌اعتبار[1]

در پی سقوط شاخص‌های وال استریت (داوجونز و نسدک) در تاریخ ۱۵ اوت ۲۰۰۷ و گسترش آن به بازارهای مالی اروپا و آسیا واژهٔ وام‌های ساب پرایم که لفظ مؤدبانهٔ وام‌های بنجل است، در رسانه‌ها مصطلح شد.

وام ساب‌پرایم را می‌توان وام بهره‌گزاف، وام اعتباری پرریسک، وام زیراستاندارد، وام دون‌اعتبار، وام اعتبارتهی، و... ترجمه کرد، که به نظر می‌رسد وام دون‌اعتبار مناسب‌تر از بقیه باشد.

واژهٔ ساب‌پرایم به معنای «دون‌اعتبار» هنوز به فرهنگ‌ها راه نیافته و آنچه در فرهنگ انگلیسی آکسفورد ۱۹۷۶ (وام با نرخ بهرهٔ کم‌تر از درجه یک) آمده است، دقیق نیست.

وام دون‌اعتبار که نمونه‌های آن عبارت است از وام رهنی مسکن، اتومبیل، کارت اعتباری و... به کسانی تعلق می‌گیرد که به دلایلی چون سوء پیشینهٔ اعتباری، بیکاری، نداشتن درآمد کافی، از بضاعت اعتباری کمی برخوردارند.

درصد و دورهٔ بازپرداخت ۳۰ سال برابر ۲۴۰۰ دلار است، حال آن که هر قسط ماهیانهٔ همان مبلغ وام وقتی از نوع بهره متغیر باشد، پس از طی دورهٔ استراحت مثلاً ۳ ساله و در طول دورهٔ بازپرداخت ۲۷ ساله (۳۰ـ۳ سال) و نرخ بهرهٔ ۱۰ درصد، به ۴۲۲۰ دلار افزایش می‌یابد. یعنی با ۶ درصد واحد افزایش نرخ بهره، مبلغ اقساط و به تبع آن مبلغ بازپرداخت وام، ۷۵ درصد افزایش پیدا می‌کند.

1. subprime lending

در امریکا، اعطای وام مسکن به منظور خانه‌دارکردن قشرهای متوسط و محروم جامعه به سه دهه قبل بازمی‌گردد. در سال ۱۹۷۷ قانونی تحت عنوان قانون سرمایه‌گذاری مجدد جامعه[1] به تصویب رسید که ناظر به این موضوع بود. در سال ۱۹۹۲ کنگره با گذراندن مصوبه‌ای دو مؤسسهٔ شبه دولتی فانی‌می و فردی‌مک را مکلف کرد تا اقدامات بیش‌تری در این مورد انجام دهند. در سال ۱۹۹۶ زمان ریاست جمهوری بیل کلینتون، وزارت مسکن و توسعهٔ شهری امریکا از مؤسسات یاد شده خواست تا ۴۲ درصد از منابع خود را به اعطای وام به قشرهای متوسط و محروم جامعه اختصاص دهند و این نسبت را در سال‌های ۲۰۰۰ و ۲۰۰۵ به ترتیب به ۵۰ و ۵۲ درصد برسانند.[2]

در فصل‌های بعدی به تفصیل به ویژگی‌ها و تأثیر وام‌های دون‌اعتبار خواهیم پرداخت.

نظام بانکی سایه (نظام مالی سایه)[3]

نظام بانکی سایه یا نظام مالی سایه که در بالا از آن یاد کردیم، توسط مؤسسات و نهادهای مالی غیربانکی شکل گرفته است. نظام سایه‌مانند بانک‌ها مبادرت به استقراض کوتاه‌مدت، آن هم در اشکال نقدی می‌کند و از سوی دیگر، تسهیلات بلندمدت می‌دهد و در دارایی‌های غیرنقدی سرمایه‌گذاری می‌کند.

نظام سایه چون متکی به ابزارهای مشتقهٔ اعتباری است، لذا از قید و

---

1. Community Reinvestment Act (CRA)
2. How Government Stoked the Mania, [on-line] Available: http://online.wsj.com/article/SB122298982558700341. [Accessed 16 Nov. 2008].
3. shadow banking (financial) system

بندهای بانکداری متعارف نظیر التزام به رعایت نسبت سرمایه[1] (اصل کفایت سرمایه) معاف است.

بانک‌های سرمایه‌گذاری[2] (به عبارتی، شرکت‌های تأمین سرمایه)، صندوق‌های ریسک‌پذیر[3]، صندوق‌های سرمایه‌گذاری مشترک بازار پول[4]، و واسطه‌گری‌های ساماندهی شدهٔ سرمایه‌گذاری[5] از جمله مؤسسات و نهادهای مالی غیر بانکی‌اند.

مؤسسات و نهادهای مالی غیربانکی در معرض ریسک بازار، ریسک اعتباری، و به‌ویژه ریسک نقدینگی (نقدشوندگی) قرار دارند، چراکه بدهی‌های آن‌ها کوتاه‌مدت و نقدی ولی دارایی‌های آن‌ها بلندمدت و غیرنقدی است. ازطرفی مؤسسات مزبور چون سپرده‌پذیر[6] نیستند دسترسی مستقیم یا غیرمستقیم به بانک مرکزی به‌عنوان وام‌دهندهٔ نهایی[7] ندارند.

مؤسسات و نهادهای مالی غیربانکی اگر نتوانند در شرایطی که بازار با مشکل نقدینگی مواجه است بدهی‌های کوتاه‌مدت خود را تأمین مجدد کنند، به احتمال زیاد ورشکسته می‌شوند.

به عقیدهٔ کارشناسان، نظام بانکی سایه موجب تشدید بحران اعتباری اخیر شد و در ایجاد وضعیت موسوم به «قبض اعتبار»[8] نقش داشت.

---

۱. رابطهٔ بین سرمایهٔ بانک و وام‌هایی که پرداخت می‌کند را نسبت سرمایه می‌گویند. «اصل کفایت سرمایه» ناظر به همین است.

2. investment banks

3. hedge funds

4. money market funds

5. structured investment vehicles (SIVs)

۶. در واقع فقط بانک‌های تجاری (و نه بانک‌های سرمایه‌گذاری) از مشتریان خود سپرده قبول می‌کنند. از این رو، بانک مرکزی به‌عنوان بانک بانک‌ها در مواقع لازم به این بانک‌ها وام می‌دهد. اطلاق وام‌دهندهٔ نهایی به بانک مرکزی به این خاطر است.

7. lender of last resort

۸. credit crunch، به وضعیتی در بازار پول می‌گویند که گرفتن وام خیلی دشوار می‌شود. به آن credit squeeze هم می‌گویند. نقطهٔ مقابل credit boom است.

فصل دوم

نگاهی به سیر تحولات نظری و عملی

به گذشتهٔ خیلی دور نمی‌رویم. از زمانی شروع می‌کنیم که آدام اسمیت (۱۷۹۰ ـ ۱۷۲۳) پس از بازگشت از فرانسه در سال ۱۷۷۶، کتاب معروف خود را تحت عنوان *ثروت ملل*[1] به رشتهٔ تحریر درآورد[2] و به این ترتیب علم اقتصاد جدید را بنیان گذارد. به نظر او که از پیشگامان لیبرالیسم و سخنگوی بورژوازی ملی انگلستان در قرن هجدهم میلادی است، پی‌گیری نفع شخصی توسط آحاد مردم و وجود سازوکار رقابت در بازارهای مختلف، نقش اساسی در تحول اقتصادی جامعه دارد.[3] پیش‌کسوت مکتب اقتصادی کلاسیک اعتقاد داشت که جامعه بدون نیاز به دخالت دولت تحول می‌یابد و لذا نقش دولت باید به حداقل ممکن کاهش یابد و به تأمین امنیت داخلی، دفاع از مرزها و حمایت از شهروندان در برابر متجاوزان به حقوق آن‌ها محدود شود. «لسه فه»[4] (بگذارید هر

---

1. Wealth of Nations

۲. دکتر سیروس ابراهیم‌زاده این کتاب را با عنوان **ثروت ملل** به فارسی ترجمه کرده است.

۳. «بررسی اجمالی: مبانی نظری خصوصی سازی»، **بیان**، ۱۴ (آذر ۱۳۷۰): ص ۶۳ـ ۶۰.

4. Laissez faire

چه می‌خواهند بکنند) و «لسه پاسه»[1] (بگذارید هر چه می‌خواهند از مرزها عبور دهند) دو شعار اصلی آدام اسمیت بود، که اولی از اعتقاد او به نیروهای بازار (عرضه و تقاضا) و رقابت (معروف به دست نامرئی[2]) حکایت می‌کرد و دومی حاکی از اعتقاد وی به ضرورت از میان برداشتن مرزهای اقتصادی برای رونق تجارت بین‌الملل بود[3].

نظام لیبرالیسم اقتصادی تا مدت‌ها یکه‌تاز میدان بود. لیکن بروز اختلالات اقتصادی و اجتماعی و عرض‌اندام انحصار به جای رقابت در بازارها در اواسط قرن نوزدهم، وقوع انقلاب‌های کارگری در اروپای مرکزی و ظهور مارکسیسم، این نظام را در عرصه‌های نظری و عملی به چالش کشید. مارکس با حمله به نظریات علمای کلاسیک، سرمایه‌داری را محکوم به شکست کامل می‌دانست. به عقیدهٔ او باید علت نابسامانی‌ها را در بازار و پارادیم رقابت جست‌وجو کرد، چرا که در بازار رقابتی، تولیدکنندگان به ناچار رو به نوآوری می‌آورند. اگر در این امر توفیق داشته باشند، سعی می‌کنند ابداعات خود را از دسترس رقبا دور نگه دارند تا چند صباحی بیش‌تر سود انحصاری کسب کنند. اگر هم ناکام ماندند، عملاً از قافله عقب می‌مانند و در نهایت حذف می‌شوند و به این ترتیب بستر لازم برای حاکمیت انحصار بر بازار فراهم می‌آید. در بازار انحصار کامل، دیگر تولید کننده ناچار به نوآوری نیست و بالطبع به کیفیت کالا (هم چون رقابت کامل) نمی‌اندیشد.

نظام سرمایه‌داری یا به عبارتی لیبرال بورژوازی حاکم در آن زمان، به‌رغم پیش‌بینی‌های کارل مارکس از هم نپاشید، ولی به تغییر و تعدیل تن در داد. از جمله آن‌که شعار «لسه فه» که دولت را از دخالت در امور

---

1. Laissez passer
2. invisible hand

۳. علی رشیدی، ***اقتصاد مردم سالار: بستر رشد جامعه مدنی*** (تهران: مؤسسهٔ انتشارات آوای نور، ۱۳۷۷)، ص ۴۳ـ۳۵.

اقتصادی بازمی‌داشت، تعدیل شد. کلاسیک‌های جدید قائل به نقش پررنگ‌تری برای دولت در فعالیت‌های اقتصادی بودند. آن‌ها در عین این که به سازوکار بازار اعتقاد راسخ داشتند، می‌گفتند دولت باید هنگامی وارد عمل شود که تخصیص بهینهٔ منابع از طریق سازوکار مزبور امکان‌پذیر نباشد و از مؤثر بودن دخالت دولت اطمینان حاصل شده باشد.

نمونهٔ عملی تعدیل مورد اشاره را باید در وضع قوانین مالیاتی، از جمله مالیات‌های تصاعدی که دهک‌های پایین را از دادن مالیات معاف می‌داشت و از درآمدهای بالا مالیات سنگین اخذ می‌کرد، سراغ گرفت که هدف آن، برطرف کردن عدم تعادل‌های اقتصادی یا جلوگیری از افزایش شکاف‌های درآمدی بود. برخورداری طبقهٔ کارگر از یک رشته حقوق و مزایا، مانند حق تشکیل اتحادیه‌های کارگری، حق اعتصاب، حق سهیم شدن در سود، راه‌اندازی نظام فراگیر تأمین اجتماعی به دست دولت‌ها با استفاده از منابع قشرهای پردرآمد و در جهت کمک به قشرهای ضعیف و متوسط، کمک به بلوغ سیاسی مردم عادی به منظور خارج کردن کرسی‌های مجالس قانون‌گذاری از انحصار بی‌چون‌وچرای بورژواها و مشارکت کلیهٔ آحاد جامعه در قدرت و تعیین سرنوشت سیاسی کشورهای متبوع این دولت‌ها، از نمونه‌های دیگری است که می‌توان ذکر کرد.[۱]

رکود بزرگ[۲] (۱۹۲۹–۳۲) هرچند برای اقتصاد سرمایه‌داری غرب

---

۱. *همان.*

۲. سرآغاز رکود بزرگ یا بحران بزرگ به سال ۱۹۲۶ برمی‌گردد. در آن سال کسادی به بخش مسکن وارد شد و در سال ۱۹۲۹ خود را به بازار سهام تحمیل کرد.
با سقوط بازار سهام در روز پنج‌شنبه ۲۴ اکتبر ۱۹۲۹ و سقوط شدیدتر آن بازار در روز ←

به‌ویژه اقتصاد امریکا بسیار تلخ و گران بود، لیکن در عین حال فرصتی به وجود آورد تا نقش دولت در امور اقتصادی با رویکردی جدید مورد بازنگری قرار گیرد. در این بازنگری نظرات جان مینارد کینز غالب شد. او که به سازوکار خودتنظیمی[1] بازار اعتقادی نداشت، بر این نکته تأکید می‌کرد که تحت شرایط سال‌های رکود بزرگ، خروج از بحران تنها از طریق مداخلهٔ بیش‌تر دولت در امور اقتصادی و ایجاد تقاضای مؤثر در بازار امکان‌پذیر است.

وقتی که فرانکلین روزولت نامزدی ریاست‌جمهوری از حزب دموکرات را قبول کرد (۱۹۳۲) قول داد که برای مردم امریکا حامل برنامه‌ای نجات بخش باشد که او نام نیودیل[2] به آن داد.

افزایش کنترل دولت بر اقتصاد و عرضهٔ پول، مداخلهٔ دولت برای کنترل قیمت‌ها و تولیدات کشاورزی از جمله مبانی نیودیل به شمار می‌رود.

روزولت با ایجاد گروهی از مشاوران علمی و آکادمیک تحت عنوان هستهٔ مغزها[3] به این جمع‌بندی رسید که باید مقررات‌گذاری[4] را در

سه شنبه ۲۹ اکتبر ۱۹۲۹ (موسوم به سه شنبهٔ سیاه) و گسترش رکود به بخش بانکداری، بحران بزرگ آغاز شد و تا سال ۱۹۳۳ ادامه یافت. در طول این مدت نرخ بیکاری در امریکا از ۴٪ به ۲۵٪ افزایش یافت. بخش صنعت در وضعیت رکود قرار گرفت. بخش کشاورزی که یک‌چهارم جمعیت را تشکیل می‌داد، به سرنوشت بدتری دچار شد. قیمت‌ها به شدت کاهش یافت و بازپرداخت بدهی‌ها و برنامه‌ریزی برای آینده را خیلی دشوار ساخت. خانه‌های رهنی بی‌شماری مصادره شدند. از همه بدتر امید مردم به داشتن آینده‌ای بهتر به ناامیدی تبدیل شد و خیلی‌ها از فرط افسردگی و بیکاری به عمر خود خاتمه دادند. تا سال فروکش کردن بحران (۱۹۳۳) قیمت مسکن ۳۰ درصد کاهش یافت. امریکا و کلاً جهان سرمایه‌داری تاکنون بحرانی به این عمق و وسعت را تجربه نکرده است.

1. self-regulating
2. New Deal
3. Brain Trust
4. regulation

دستور کار خود قرار دهد، با این هدف که دولت اقتصاد را به کنترل درآورد.

پیروزی قاطع روزولت در انتخابات ریاست جمهوری امریکا در سال ۱۹۳۲ و شکست جمهوری‌خواهان در انتخابات سراسری و تقاضای مردم از رئیس‌جمهور منتخب مبنی بر انجام اقدام فوری، روزولت را برآن داشت تا برنامه‌های جدیدی را برای یکصد روز اول ریاست جمهوری‌اش اعلام کند. اولین اولویت این برنامهٔ فشرده، اصلاحات پولی و بانکی بود. روزولت بیش‌ترین هجمه را متوجه بانکداران و تجار کرد و همهٔ بانک‌ها را تا وضع قوانین جدید تعطیل کرد. وی که همکاری و همدلی قانون‌گذاران را هم با خود داشت، در روز ۹ مارس ۱۹۳۳ لایحه‌ای تحت عنوان قانون بانکداری اضطراری تقدیم کنگره کرد که همان روز به تصویب رسید. این لایحهٔ قانونی موجب شد تا ظرف سه روز از تصویب آن، سه‌چهارم بانک‌ها بازگشایی شوند و ظرف یک ماه، میلیاردها دلار پول و طلای کنز شده به سیستم بانکی فدرال رزرو بازگردد و تعداد ۴۰۰۴ بانک کوچک برای همیشه تعطیل یا در بانک‌های بزرگ ادغام شوند. و...

تصویب قانون گلاس-اشتیگال[1] توسط کنگره در سال ۱۹۳۳ را باید نمونهٔ دیگری از مقررات‌گذاری به شمار آورد. قانون مزبور با این هدف تدوین شد که با مرزبندی‌هایی چون جداسازی حوزهٔ فعالیت بانک‌های تجاری و بانک‌های سرمایه‌گذاری، سپرده‌گذاران را از ریسک معاملات اوراق بهادار به دور دارد و از فروپاشی بانک‌ها که در طول دورهٔ رکود بزرگ اتفاق افتاد، جلوگیری کند. ایجاد کمیسیون اوراق بهادار و بورس[2] در

---

1. Glass-Steagall Act
2. Securities and Exchange Commission (SEC)

سال ۱۹۳۴ در پی تصویب قانون اوراق بهادار[1] و قانون بورس اوراق بهادار[2] به ترتیب در سال‌های ۱۹۳۳ و ۱۹۳۴ را باید مصداق عینی اقدامات به‌عمل‌آمده در جهت تحقق بخشیدن به مقررات‌گذاری و اعمال نظارت دولت فدرال امریکا بر بازارهای مالی (در این‌جا مشخصاً بازارهای سرمایه) به حساب آورد.

حوزهٔ نظارت کمیسیون اوراق بهادار و بورس چنان وسیع بود که هر رکنی از ارکان بازار سرمایه و هر مشارکت‌کننده‌ای در این بازار (از بورس‌های ملی و توابع آن گرفته تا شرکت‌های سرمایه‌گذاری و مشاوران سرمایه‌گذاری و کارگزاران و معامله‌گران فرابورسی و به‌طورکلی هر شخص حقیقی و حقوقی فعال در حوزهٔ سرمایه‌گذاری) را دربرمی‌گرفت.

نفوذ آموزه‌های کینز، دخالت دولت را در بسیاری از فعالیت‌های اقتصادی در کشورهای توسعه یافته درپی‌داشت، به گونه‌ای که انجام سرمایه‌گذاری‌های گوناگون اجتماعی، زیربنایی، نظامی و... توسط دولت‌ها برای جلوگیری از کسادی اقتصادی رواج یافت و منابع قابل توجهی برای مقابله با کسادی، تخصیص داده شد. اشاعهٔ دیدگاه‌های توسعه‌ای و ابداع برنامه‌ریزی در کشورهای در حال توسعه هم نتیجهٔ تراوشات فکری او بود.

مواجههٔ اقتصادهای صنعتی با پدیدهٔ رکود تورمی[3] در دههٔ ۱۹۷۰ نقطه عطف دیگری در سیر تحولات اقتصادی در عرصهٔ نظری و عملی بود، چراکه مکتب کینز قادر به تبیین این پدیده نبود. از این رو، بحث دربارهٔ موضوع دخالت دولت در اقتصاد به‌طورعام، و اندازهٔ

---

1. Securities Act
2. Securities Exchange Act
3. stagflation

مناسب آن، کارایی بخش خصوصی در مقایسه با بخش دولتی، جایگزینی دخالت دولت با نظارت و هدایت و... به‌طوراخص، زمینهٔ عینی‌تری پیدا کرد.[۱]

تحولات مزبور و فروپاشی نظام پولی برتون وودز در اوایل دههٔ ۱۹۷۰ قرن بیستم که شناور شدن نرخ برابری ارزهای عمده را به دنبال داشت، سرآغاز فعل و انفعالات جدیدی در حوزهٔ تجارت و اقتصاد بین‌الملل بود، به نحوی که جریان سرمایه[۲] تسهیل و راه برای ادغام و درهم‌تنیدگی اقتصادهای ملی (که بعدها جهانی‌شدن نام گرفت) هموار و مداخلات دولتی در سازوکار بازار محدود شد.

در این میان نظرات میلتون فریدمن (۲۰۰۶ـ۱۹۱۲)[۳]، اقتصاددان صاحب‌نام امریکایی و پدر مکتب پول‌گرایی[۴] یا اصالت پول (معروف به مکتب شیکاگو یا نئولیبرالیسم) حوزهٔ نفوذ وسیع‌تری یافت. او که در دورهٔ جوانی از طرفداران آرای کینز بود، در دههٔ ۱۹۵۰ نظرات وی را به چالش کشید و آنگاه به نظریه‌پردازی حول محور اصالت پول پرداخت. به اعتقاد فریدمن، افزایش تدریجی و آرام عرضهٔ پول، تنها سیاست اقتصادی معقول است. او که هم در دورهٔ ریچارد نیکسون و هم در زمان رونالد ریگان مشاور اقتصادی ریاست جمهوری امریکا بود، همواره با تأکید بر مزایای بی‌چون و چرای بازار، از مضار دخالت دولت و مقررات‌گذاری سخن می‌گفت و اعتقاد داشت که دولت باید به نفع بخش خصوصی کنار برود و نقش خود را به حداقل برساند.

حال و هوای جدید و پیروی از نظرات فریدمن، شماری از کشورهای

---

۱. اکبر کمیجانی، ***ارزیابی عملکرد سیاست خصوصی سازی در ایران*** (تهران: معاونت امور اقتصادی وزارت امور اقتصادی و دارایی، ۱۳۸۲) ص ۲۰.

2. capital flow
3. Milton Freedman
4. Monetarism

پیشرفته به‌ویژه امریکا را به اتخاذ سیاست‌های پولی ناظر به طرف عرضه (به جای سیاست‌های کینزی مبتنی بر تنظیم تقاضای کل) و ساماندهی مجدد اقتصاد واداشت.

آموزه‌های نئولیبرالیستی مذکور هرچند که ناظر بر تأمین ثبات پولی بود، لیکن در حوزهٔ مالی هم تا آن‌جا که به مقولاتی چون نقش حداقلی دولت، آزادسازی[1]، مقررات‌زدایی[2]، و از این قبیل مربوط می‌شد الهام‌بخش بود. بنابراین، می‌بینیم که خصوصی کردن واحدهای تحت پوشش دولت[3] به‌عنوان راهکاری برای کاستن از حجم دخالت‌های دولت در فعالیت‌های اقتصادی و ایجاد تحول در رابطهٔ دولت-بازار، و روش سوق دادن اقتصاد به سمت بازار رقابتی در دستور کار قرار می‌گیرد. با اجرای خصوصی سازی توسط بریتانیا و امریکا به ترتیب در سال‌های ۱۹۷۹ و ۱۹۸۱، این دو کشور پیش از سایرین به آموزه‌های مزبور عینیت بخشیدند و راه را برای تعمیم آن هموار کردند.

با تعیین آلن گرینسپان به سمت رئیس کل فدرال رزرو در سال ۱۹۸۷،

---

1. liberalization

۲. deregulation، مقررات‌زدایی را کاهش شدید مقررات‌گذاری دولتی گفته‌اند که موجب روان‌تر شدن بازارها و هموار شدن راه برای کارایی بهتر می‌شود. حامیان مقررات‌زدایی آن را موجب گشایش امور در صنعت خدمات مالی، بانکداری، ارتباطات، حمل و نقل، و... می‌دانند، به نحوی که رقابت را افزایش می‌دهد و نوآوری را ارتقاء می‌بخشد و شرکت‌ها و صنایعی که یارای رقابت ندارند را در هم ادغام می‌کند.

۳. از خصوصی‌سازی تعابیر متنوعی شده است. بازارگرا کردن، حذف هر نوع کنترل و دخالت در برقراری مکانیسم عرضه و تقاضا، انتقال مالکیت یا کنترل بنگاه‌های اقتصادی از دولت به بخش خصوصی از آن جمله است. «آزادسازی» به مفهوم انتقال کامل کنترل قانونی بنگاه‌های اقتصادی و «مقررات‌زدایی» به مفهوم حذف مقررات و حاکم نمودن شرایط رقابت کامل بر واحدهای دولتی، مخرج مشترک همهٔ تعاریف ارائه شده است.
اکبر کمیجانی، **همان**، ص ۳۳ـ ۳۱.

مکتب شیکاگو به بزرگ‌ترین نهاد سیاست‌گذاری و نظارت پولی امریکا راه یافت.

از سوی دیگر، با فروپاشی قطب اقتصاد دولت‌مدار، شوروی سابق، در آغاز دههٔ ۹۰ قرن اخیر، اعتقاد به ناکارآمدی دولت طرفداران بیش‌تری پیدا کرد و اقتصاد بازار گفتمان غالب در جهان شد. این امر کشورهای اروپای شرقی را که تا آن زمان تحت استیلای اقتصاد سوسیالیستی بودند، بر آن داشت تا برای استفاده از فرصت‌های سرمایه‌گذاری و جریان جهانی سرمایه نسبت به پذیرش آموزه‌های نوین اقتصاد آزاد که به آن اشاره شد، از خود اشتیاق نشان دهند.

همزمان با صدور نسخهٔ خصوصی‌سازی به کشورهای اروپای شرقی و در حال توسعه، انگارهٔ تحول اقتصادی وارد مرحلهٔ عملیاتی پیشرفته‌تری شد و ساختارهای مالی، و به‌خصوص بازارهای مالی را نشانه گرفت. امریکایی‌ها با درک این نکته که در روند جهانی‌شدن، سرمایه به سمت کشوری میل می‌کند که از مزیت‌های رقابتی بیش‌تری برخوردار باشد، بر مزیت‌های خود در این زمینه افزودند. ابداع و بهینه سازی ابزارهای مالی پیشرفته در قالب مهندسی مالی و به‌کارگیری آخرین فناوری اطلاعاتی را باید نمونه‌هایی از تلاش آن‌ها برای تمهید و تجهیز سخت‌افزاری به شمار آورد. در بعد نرم‌افزاری، عملیاتی کردن آموزه‌های نئولیبرالی می‌توانست موانع و محدودیت‌های موجود بر سر راه بازارهای مالی را از میان بردارد. این بود که مقررات‌زدایی از جایگاه خاصی برخوردار شد و برای تحقق آن، اقدامات قابل توجهی چون برداشتن مرزهای موجود بین بانک‌های سرمایه‌گذاری و بانک‌های تجاری[1] یا بین بانکداری و بیمه صورت گرفت.

---

۱. به‌عنوان نمونه، در سال ۱۹۹۹ کنگرهٔ امریکا دیوار بین بانک‌های سرمایه‌گذاری و بانک‌های تجاری و شرکت‌های بیمه را از میان برداشت و حوزهٔ مقررات‌گذاری ←

طرفداران مقررات‌زدایی مرزهای مورد اشاره را مانع تحرک سرمایه و انتقال بیش از پیش فناوری می‌دانستند. به‌علاوه، باید محدودیت‌های اهرمی (مقررات مربوط به استفاده از اهرم در معاملات بازار) کاهش می‌یافت و بازار خودتنظیم می‌شد.

اعمال منویات نئولیبرالی در بازارهای مالی بدون چالش نبوده و مهم‌ترین این چالش‌ها مبارزه و مخالفت برخی از نهادهای نظارتی است. آگاهی از این مخالفت‌ها برای شناخت عمیق موضوع ضروری است. در زیر بارزترین مورد آن را تحت عنوان مقابلهٔ مقررات‌گذاری با مقررات‌زدایی مرور می‌کنیم:

مقابلهٔ مقررات‌گذاری با مقررات‌زدایی

با ورود محصولات مالی جدید به بازار در دهه‌های آخر قرن بیستم تحول شگرفی در زمینهٔ نوآوری‌های مالی به وجود آمد. ابزار مشتقه (به شرح مندرج در فصل اول) مهم‌ترین نوع محصولات مالی مورد اشاره است.

ابزار مشتقه از سویی، به‌عنوان وسیلهٔ کسب سود (سفته‌بازی) و از سوی دیگر، به‌عنوان وسیله‌ای برای مدیریت ریسک مورد استفاده قرار می‌گیرد. این استفادهٔ دوگانه موجب شده تا هم طیف ریسک‌گریز (آن‌ها

کمیسیون اوراق بهادار و بورس (نهاد تا آن موقع مقتدر نظارتی بازار سرمایه که به شرح قبلی در سال ۱۹۳۴، یعنی درست بعد از پایان دوره رکود بزرگ، ایجاد شد) را به عملیات نظارت بر بازوهای کارگزاری بانک‌های سرمایه‌گذاری محدود ساخت. قانون مزبور، موسوم به Gramm-Leach-Blley Act نتیجهٔ لابی‌های سیاسی بود که به موجب آن، اختیارات نهاد مزبور درخصوص مقررات‌گذاری و نظارت بر بانک‌های سرمایه‌گذاری (به‌عنوان شرکت‌های مادر) و شرکت‌های تابعه از آن گرفته شد. از قانون یاد شده به‌عنوان نقطهٔ عطف مقررات‌زدایی یاد می‌شود.

Stephen Labaton, "S.E.C Concedes Oversight Flaws Fueled Collapse", *The New York Times*, (September 2008).

که برای مقابله با ریسک متوسل به دادوستد تأمینی[۱] می‌شوند) و هم طیف ریسک‌پذیر (سفته‌بازان) به ابزار مشتقه روآورند. علاوه‌براین، انجام معاملات مشتقه‌ها در بازار فرابورس[۲] که برخلاف بازارهای سازمان یافته[۳] نظیر بورس نیویورک تابع مقررات نیست، موجب شد تا از این ابزار مالی استقبال بیش‌تری به عمل آید.

مقررات‌زدایی از ابزار مشتقه هرچند که گفتمان غالب در بین مسئولان وقت بازار (مقامات ناظر) بود، اما اقلیتی هم با آن به مخالفت برخاست که رئیس وقت کمیسیون معاملات آتی کالایی مهم‌ترین آن بود.

به منظور درک دیدگاه طرفین که می‌تواند به شناخت عمیق‌تر بحران کمک کند، در زیر به مباحث مطروحه بین آن‌ها اشاره می‌کنیم:

در آوریل ۱۹۹۸ رشته جلساتی با حضور آلن گرینسپان، رابرت رابین، آرتور لویت، و بروکسلی ایی بورن، به ترتیب رئیس وقت فدرال رزرو، وزیر وقت خزانه‌داری، رئیس وقت کمیسیون اوراق بهادار و بورس، و رئیس وقت کمیسیون معاملات آتی کالایی تشکیل شد. از ابتدا معلوم بود که سه مقام نخست در برابر مقام چهارم که برضرورت مقررات‌گذاری در حوزهٔ ابزار مشتقه تأکید داشت، موضع واحدی دارند، زیرا اعتقاد راسخ گرینسپان به آزادسازی اقتصادی و حمایت او از عدم تحمیل مقررات دولتی بر تجارت و مخالفت دو مقام دیگر با مقررات‌گذاری در بازارهای مالی، بر کسی پوشیده نبود. بورن که حقوقدان سرشناسی بود و قرارگرفتن در فهرست نهایی نامزدهای مقام دادستانی کل کشور در دورهٔ اول زمامداری بیل کلینتون به او اعتباری می‌بخشید، در پی ایجاد شفافیت

---

۱. hedging، به راهبرد جبران ریسک سرمایه‌گذاری می‌گویند. دادوستد تأمینی وقتی کامل است که امکان سود یا زیان در آینده از میان می‌رود.

2. Over The Counter (OTC) 3. Organized Exchanges

در «بازارهای تاریکی»[۱] بود که در آن میلیون‌ها قرارداد مشتقه بدون وجود اتاق پایاپا[۲] و بدون گرفتن وثیقه و بدون معلوم بودن معامله‌گران منعقد می‌شد.[۳]

تلاش رئیس وقت کمیسیون معاملات آتی کالایی با این استدلال مخالفان که ابزار مشتقهٔ جدیدی که وی خواستار اعمال مقررات در مورد آن بود در زمرهٔ قراردادهای آتی نیست، بی‌نتیجه ماند. به علاوه، گرینسپان پیوسته ضمن دفاع از بازار آزاد و خاصیت خودتنظیمی آن که به نظر او بهتر از دست سنگین دولت عمل می‌کند، در جهت اثبات کارکرد عقلانی بازار فارغ از مقررات، و ریسک‌پذیری معقول و متناسب آن چنین استدلال می‌کرد که سرمایه‌گذاران چوب حراج به مال خود نمی‌زنند و زیر بار ریسک‌های اضافی نمی‌روند.[۴]

تا آن‌جا که مربوط به مشتقه‌ها می‌شد، توجیه رئیس وقت فدرال رزرو این بود که:

«مشتقه‌ها کسب و کار امریکایی است. مقررات‌گذاری موجب انتقال آن به خارج می‌شود.»[۵]

ورود کنگره و سپس سنای امریکا به موضوع یاد شده و همسویی آن

---

۱. dark market، به بازارهای فرابورسی که در آن ابزار مشتقه معامله می‌شد، بازارهای تاریک می‌گفتند. بازار یادشده فاقد شفافیت بود و از اتاق پایاپا در آن خبری نبود. گفتنی است که در صورت وجود اتاق پایاپا، معاملات به‌طور روزانه تسویه می‌شود که نوعی ضمانت حسن انجام معاملات به شمار می‌آید.

۲. clearing house، به تشکیلاتی می‌گویند که وابسته به بورس‌های سازمان یافته است و موجب تسهیل قیمت‌گذاری، تحویل، و تسویهٔ معاملات اوراق بهادار می‌شود.

۳. مقصود سواپ نکول اعتباری است که در فصل سوم به تفصیل به آن پرداخته می‌شود.

4. What Went Wrong ?. [on-line] Available: www.washingtonpost. com [Accessed 15 Oct. 2008].

5. *Ibid.*

دو با نظرات گرینسپان و یارانش، به انزوای بیش‌تر خانم بورن دامن زد. وی طی هفده باری که در همان سال ۱۹۹۸ به کنگره احضار شد، نسبت به خطرناک بودن ریسک مشتقه‌ها به نمایندگان هشدار داد؛ هشداری که هیچ‌گاه کنگره به آن وقعی ننهاد. در این حال کمیتهٔ کشاورزی سنا هم به کنگره پیوست و سناتور ریچارد لوگار رئیس وقت آن کمیته در جلسهٔ مورخ ۳۰ ژوئن ۱۹۹۸ از خانم بورن خواست تا به مبارزه علیه مقررات‌زدایی در بازار مشتقه‌ها پایان دهد.

با نافرجام ماندن تلاش سنا برای ساکت کردن رئیس وقت کمیسیون معاملات آتی کالایی، و در پی تحرک لابی بانک‌ها، شرکت‌های کارگزاری، بورس‌ها، بخش‌های انرژی و کشاورزی در جهت ترغیب کنگره و سنا به پذیرش خواستهٔ آن‌ها مبنی بر مقررات‌زدایی، و با تلاش‌های بی‌وقفه گرینسپان، بالاخره کنگره قانون اختیار کمیسیون معاملات آتی کالایی بر بازار سواپ[1] را به مدت شش ماه به تعلیق درآورد.

آخرین توصیه بورن و برکناری او

ورشکستگی صندوق پوشش ریسک لانگر ترم کاپیتال منیجمنت[2] در

---

۱. اضافه می‌کند که با به تعلیق درآمدن قانون مذکور در متن، دست کمیسیون معاملات آتی کالایی از بازار مشتقه‌های مورد بحث کوتاه شد.

۲. Longer Term Capital Management، صندوق پوشش ریسک مذکور که در آن زمان به شدت منابع خود را در مشتقه‌ها به کار گرفته بود، طی گزارشی به فدرال رزرو اعلام کرد که قادر نیست ۴ میلیارد دلار ضرر خود را پوشش دهد. بررسی دفاتر لانگر نشان داد که آن شرکت خیلی اهرمی شده است، به طوری که نسبت بدهی به سرمایه آن تا ۲۰۰ به ۱ هم رسیده بود. پیتر فیشر مقام ارشد فدرال رزرو در جلسهٔ ۲۹ سپتامبر ۱۹۹۸ رؤسای فدرال رزروهای امریکا ضمن ارائهٔ گزارشی در این خصوص خطاب به گرینسپان چنین اظهار کرد: «من نمی‌دانم چطور می‌شود این ارقام و اعداد را محاسبه کرد؟».

سپتامبر ۱۹۹۸، آخرین فرصتی بود که خانم بورن توانست در مقام یکی از اعضای کمیتهٔ کاری مأمور رسیدگی به آن موضوع، صدای فریاد خود را به گوش مسئولان عالیرتبه بازارهای پول و سرمایه برساند. محورهای گزارش کمیتهٔ کاری یاد شده عبارت بود از:

۱ـ به صدا درآوردن زنگ خطر در مورد اهرمی‌شدن افراطی بازار مشتقه‌ها و سرریزشدن ریسک‌های ناشناخته آن به بازارها.

۲ـ توصیه به ایجاد فقط یک تغییر در قانون: الزام شرکت‌های تابعهٔ کارگزاری‌های بورس به ارزیابی ریسک مالی خود و ارائهٔ گزارش آن به دولت.

با رد تنها توصیه کمیتهٔ کاری مأمور رسیدگی به موضوع ورشکستگی صندوق پوشش ریسک یادشده توسط گرینسپان و برکناری بورن از ریاست کمیسیون معاملات آتی کالایی، ویلیام رینر که با نظرات گرینسپان همراه بود، جانشین خانم بورن شد. به این ترتیب، راه برای کسب اجماع نظر بین رؤسای بلندپایه‌ترین نهادهای سیاستی-نظارتی پولی، بانکی و سرمایه‌گذاری بزرگ‌ترین اقتصاد جهان هموار شد. رؤسای نهادهای چهارگانهٔ یاد شده در نخستین اقدام مشترک خود با تهیهٔ گزارشی، ضمن برحذرداشتن کمیسیون معاملات آتی کالایی از وضع هر گونه مقرراتی، خاطرنشان کردند که وضع مقررات غیر ضروری و ایجاد محدودیت، راه توسعهٔ بازارها را در امریکا می‌بندد[1].

با ایجاد اجماع بین نهادهای چهارگانهٔ نظارتی در پی خاموشی تنها صدای مخالف و با به نتیجه رسیدن تلاش لابی مقررات‌زدایی در کنگره و سنا، وقت آن رسید تا هر گونه مانع باقی‌مانده بر سر راه مقررات‌زدایی و آزاد سازی اقتصادی از میان برداشته شود. تصویب قانون موسوم به

---

1. *Ibid.*

گرام-لیچ-بلی[1] در سال ۱۹۹۹ توسط کنگره را باید در این راستا دانست. قانون یاد شده که نتیجهٔ تلاش لابی‌های سیاسی بود، دیوار بین بانک‌های سرمایه‌گذاری و بانک‌های تجاری[2] و شرکت‌های بیمه را از میان برداشت و اختیارات کمیسیون اوراق بهادار و بورس ناظر به مقررات‌گذاری و نظارت بر بانک‌های سرمایه‌گذاری (به‌عنوان شرکت‌های مادر) و شرکت‌های تابعه را از آن گرفت و فقط به آن کمیسیون اجازه داد تا بر عملیات بازوهای کارگزاری بانک‌های سرمایه‌گذاری نظارت کند.

قانون گرام-لیچ-بلی که ناسخ قانون گلاس-اشتیگال[3] بود، مقررات‌زدایی را جایگزین مقررات‌گذاری کرد و از این رو از آن به‌عنوان نقطهٔ عطف مقررات‌زدایی یاد می‌شود.

رشتهٔ اقدامات سلبی و ایجابی یاد شده در جهت تحقق منویات نئولیبرالیسم در حوزهٔ بازارهای مالی کافی به نظر نرسید. به همین دلیل، چندی بعد که انگارهٔ «رهایی از مقررات»[4] مطرح شد، کمیتهٔ بانکداری سنا در تاریخ ۲۱ ژوئن ۲۰۰۰ به ریاست سناتور متنفذ جمهوری خواه فیل گرام جلسه‌ای با همان عنوان برگزار کرد. نامبرده دربارهٔ ضرورت مقررات‌زدایی و پرهیز از مقررات‌گذاری مثال آدم بزرگسالی را زد که لباس بچه‌گانه می‌پوشد. به گفتهٔ او هر دو نهاد نظارتی کمیسیون اوراق بهادار و بورس و کمیسیون معاملات آتی کالایی باید از ورود به حوزهٔ بازار

---

1. Gramm-Leach-Blley Act

۲. با برداشته شدن دیوار بین بانک‌های سرمایه‌گذاری و بانک‌های تجاری، محدودیت مورد نظر اصل کفایت سرمایه که عمدتاً در مورد بانک‌های تجاری (و نه بانک‌های سرمایه‌گذاری) اعمال می‌شد، تقریباً از میان رفت. گفتنی است که به موجب اصل مزبور، بانک‌ها تا حدی معین بیش از سرمایه خود می‌توانند وام دهند. به عبارت دیگر، اصل کفایت سرمایه موجب محدودشدن نسبت اهرمی (نسبت بین بدهی به سرمایه) بانک‌های تجاری می‌شود.

3. Glass-Steagall

4. regulatory relief

سواپ (مشخصاً سواپ نکول اعتباری) منع شوند. در همان زمان، کمیسیون اوراق بهادار و بورس بر خواستهٔ حداقلی خود دایر بر حفظ اختیار آن نهاد در موضوعاتی که به معاملات محرمانه در بازار سواپ مربوط می‌شود یا ناظر به موارد کلاهبرداری است، اصرار می‌ورزید. حقوق‌دانان کمیسیون اوراق بهادار و بورس همواره این سؤال را مطرح می‌کردند که اگر معامله‌گران با داشتن اطلاعات درون‌سازمانی[1] (محرمانه) وارد معاملات سواپ شوند، چه می‌شود؟ سؤالی که هیچ‌گاه پاسخی به آن داده نشد.

اختلاف نظر عمیق طرفین، گری گنسلر معاون وقت وزیر خزانه‌داری امریکا را بر آن داشت تا پادرمیانی کند، به نحوی که کمیسیون اوراق بهادار و بورس بدون داشتن اجازهٔ مقررات‌گذاری، بتواند اقدامات ضد کلاهبرداری خود را انجام دهد. هرچند کنگره در تاریخ ۱۵ دسامبر ۲۰۰۰ متن مورد نظر گری گنسلر را به تصویب رساند، اما هیچ‌گاه آن مصوبه به اجرا درنیامد و اتاق پایاپا هم که طبق مصوبهٔ دیگری باید ابقا می‌شد تا به‌عنوان منبعی برای جبران ضررهای احتمالی و مانعی برای شرط‌بندی عمل کند، به تعطیلی کشانده شد. به این ترتیب از سال ۲۰۰۰ به بعد بازارهای مالی به حال خود واگذار شدند و هیچ یک از نهادهای نظارتی عملاً یا قانوناً یارای نظارت به معنای واقعی کلمه بر آن‌ها را نداشت. این وضعیت، دستگاه‌های نظارتی اروپایی را بر آن داشت تا خواهان شفافیت بیش‌تر عملیات برون مرزی شرکت‌های امریکایی شوند و تهدید کنند که در غیر این صورت خود رأساً شرکت‌های مادر امریکایی

---

۱. inside information، به اطلاعاتی گفته می‌شود که هنوز عموم مردم از آن خبر ندارند و فقط افراد خاصی در شرکت از آن مطلعند. طبق مقررات کمیسیون اوراق بهادار و بورس کسانی که دارای چنین اطلاعاتی هستند، نمی‌توانند بر پایهٔ آن اطلاعات معامله‌ای انجام دهند.

را تحت نظارت‌های مقرراتی قرار می‌دهند.[1]

با برداشته شدن موانع مورد نظر و کاهش محدودیت‌های اهرمی و واگذاری بازار به حال خود، تحت عنوان خودتنظیمی، اسباب تسهیل و تسریع بیش از پیش گردش سرمایهٔ مالی فراهم شد. به قول فعالان بازار، تحت شرایط جدید، انعطاف خیلی بیش‌تری به چشم می‌خورد و بازار احساس مسئولیت بیش‌تری می‌کرد و انضباط بیش‌تری از خود نشان می‌داد. علاوه بر این، با اجرایی شدن مقررات‌زدایی به تعداد بانک و شعب آن‌ها افزوده شد، خدمات بانکی گسترش و توسعه یافت، و رقابت در جهت منافع مشتری‌ها بیش‌تر شد.

چکیدهٔ کلام

از مطالب مختصر فوق چنین برمی‌آید که به‌طورکلی، سیر تطور نحله‌های فکری اقتصادی و سیر تحولات گوناگون برخاسته از آن ناظر به موارد زیر است:

۱ــ طی دو سه سدهٔ اخیر، سیر تحول و تطور یاد شده حول محور دو نهاد بازار و دولت در چرخش بوده است، به‌طوری‌که یکی برای دولت و دیگری برای بازار اصالت قائل شده است. در این میان، به تبع شرایط زمانی و وقایع اتفاقیه و ظهور نحله‌های فکری، نسخه‌ای برای تحدید حدود یکی از آن دو به نفع دیگری پیچیده و راهکارهای راهبردی و اجرایی منطبق با آن ارائه می‌شده است.

۲ــ در دو سه دههٔ گذشته، به‌ویژه دههٔ اخیر، دنیای اقتصاد با چنان تحولاتی همراه بوده که حتی به مفاهیم هم معنای دیگری بخشیده است. هم‌اکنون با تقسیم اقتصاد به دو بخش حقیقی و غیرحقیقی، سرمایهٔ مالی

---

1. *Ibid.*

یا سرمایهٔ کاغذی (بخش غیرحقیقی اقتصاد)، وجه غالب اقتصاد شده و سرمایهٔ صنعتی و تولیدی را به حاشیه رانده است. به عبارت دیگر، بازارهای مالی با حجم معاملاتی ده‌ها برابر بیش از حجم معاملات تولیدی و تجاری، به طور روزافزونی از بازارهای کالایی پیشی گرفته است. به قولی، در این شکل جدید از سرمایه‌داری، الگوی انباشت به نحوی است که سود نه از طریق تجارت و دادوستد، که عمدتاً از مجاری مالی تحصیل می‌شود.[۱]

بنابراین، شگفت نیست که می‌بینیم پدیدهٔ جهانی‌شدن را قبل از هر چیز از منظر بین‌المللی شدن سرمایهٔ مالی می‌نگرند.[۲] و باز هم شگفت نیست که می‌بینیم طی دو سه دههٔ اخیر تأثیر آرا و افکار نظریه‌پردازان اقتصادی بیش‌تر دامن بخش غیرحقیقی اقتصاد و نماد آن، بازارهای مالی، را گرفته است؛ چرا که به موازات پیشرفت‌های علمی و تکنولوژیکی، و فراز و فرودهای ناشی از ادوار تجاری[۳]، و تولید و عرضهٔ اندیشه‌های برخاسته از نحله‌های فکری مختلف و خاستگاه‌های گوناگون طبقاتی، و اعمال نفوذ صاحبان منافع مقرره[۴] و... مفاهیم و ساختارها هم دگرگون شده و در شکلی جدید ظهور یافته است.

با درک اهمیت روزافزون سرمایهٔ مالی و با توجه به نقش پررنگ آن در شکل‌گیری بحران موضوع این نوشتار، جا دارد که در این قسمت پایانی با استفاده از مطالب پیش‌گفته، ابتدا قرائت نحله‌های اقتصادی از آن پدیده را تبیین کنیم و بعد چکیدهٔ تحولات سه‌دههٔ اخیر را در این زمینه یادآور شویم.

---

۱. در این مورد اخیراً استفاده از اصطلاح financialization (مالی شدن) رایج شده است.

۲. اصطلاحاً finance led globalization به معنای جهانی‌شدن مالیه محور یا جهانی‌شدن تحت رهبری مالیه.

3. business cycles

4. vested interests

الف: قرائت نحله‌های اقتصادی از سرمایهٔ مالی

۱. قرائت بازارمدار

این قرائت که بر پایهٔ لیبرالیسم اقتصادی استوار است و طبعاً برای بازار اهمیت خاصی قائل است، سرمایهٔ مالی را ضرورتی برای گسترش بازار می‌داند.

۲. قرائت دولت‌مدار

برخلاف قرائت بازارمدار که قائل به نقش چندانی برای دولت نیست، رویکرد دولت‌مدار نقش اول را به دولت می‌دهد و جهانی‌شدن مالیه را با توجه به این نقش و در حول این چهار محور تبیین می‌کند:

۲.۱ گسترش بازارها به صورت فطری اتفاق نمی‌افتد[۱]، بلکه دولت‌های قدرتمند در لحظات حساس و تعیین کننده در مورد بازارها تصمیم می‌گیرند.

۲.۲ در مورد شدت جهانی‌شدن مالیه و از بین رفتن مرزها اغراق شده است. معاملات مالی بسیار پیچیده و بغرنج است و امکان کلاهبرداری در آن‌ها بسیار است. بنابراین معاملات مزبور به سادگی از طریق شبکه‌های الکترونیکی قابل هدایت نیست و در تعاملی رودررو، به قلمرو سرزمینی که همچنان نقش اساسی ایفا می‌کند، نیاز دارد.

۳.۲ دولت نهاد پرقدرتی است که می‌تواند با استفاده از منابع کلان، همچون پول، مردم، قانون، و... در مواقع ضروری اعمال قدرت کند.

۴.۲ بازار نیاز به قانون و مقررات دارد. برای مثال، دولت‌ها با وضع قوانین، شبکه‌های الکترونیکی تحت مدیریت بانک‌ها را کنترل می‌کنند و

---

۱. کنایه است به دست نامرئی آدام اسمیت و خاصیت خودتنظیمی بازار که رویکرد بازار محور به آن اعتقاد دارد.

اگر این شبکه‌ها تحت نظر قوانین دولت نباشد، مردم به آن‌ها اعتماد نمی‌کنند.

۳. قرائت چپ

این قرائت که به رویکرد انتقادی یا مارکسیستی معروف است و از نظرات کارل مارکس الهام می‌گیرد، بیش‌ترین انتقادات را متوجه جریان‌های مالی بین‌المللی می‌کند و این جریان‌ها را عامل نابرابری می‌داند. به عقیدهٔ مارکس پول و سرمایه که عامل بهره‌کشی و اختلاف طبقاتی است، زمانی حاصل می‌شود که محصول کار دیگر برای ارزش واقعی آن تولید نمی‌شود، بلکه ارزش آن در بازار مبادلات تعیین می‌گردد. در رویکرد مورد اشاره، جهانی‌شدن مالیه به این دلیل موجب نابرابری‌های اجتماعی شناخته می‌شود که معاملات مالی می‌تواند برای اغنیا، ثروت فراوان و برای فقرا، محنت فراوان به بار آورد. در این رویکرد، ثروتی که سرمایه‌گذاران کسب می‌کنند چون محصول کار تولیدی نیست، به مثابه سود حاصل از قمار تلقی می‌شود.

۴. قرائت نهادی

این قرائت با این تلقی که رویکردهای پیش گفته هیچ سازگاریی با هم ندارند، معتقد است که بدون وجود قواعد نمی‌توان تعاملات پیچیده مالیهٔ جهانی را کنترل و سازماندهی کرد. با این قواعد می‌توان درجه و کیفیت محصولات را تعریف و رویهٔ انتقال مالکیت را از فروشنده به خریدار روشن کرد. به‌عنوان مثال، چه کسی حاضر است میلیون‌ها دلار را به صورت الکترونیکی منتقل کند اگر مطمئن نباشد که این نقل و انتقالات با یک‌رشته قواعد نظارت می‌شود؟ رویکرد نهادی از دولت، بازار، رژیم‌های بین‌المللی (مانند سرمایه‌گذاری جهانی)، انجمن‌های

تجاری‌حرفه‌ای (مانند بورس‌های سازمان یافته) و انجمن‌های صنفی (مانند نظام پزشکی) به‌عنوان پنج نهادی که قواعد را رقم می‌زنند، یاد می‌کند.[۱]

ب: سرمایهٔ مالی و تحولات اخیر

به‌طورکلی، بازارهای مالی از دههٔ ۷۰ قرن بیستم مرزها را پشت سر گذاشته و با سرعت قابل توجهی در حال درهم‌تنیدگی و گسترش کمی و کیفی شعاع عمل خود بوده است، به‌طوری‌که طی این دو سه دهه، بیش‌ترین معاملات بین‌المللی اوراق بهادار را به ثبت رسانده، متنوع‌ترین محصولات مالی از جمله ابزارهای گوناگون مشتقه را که دستاورد مهندسی مالی است، به ارمغان آورده و به جهانی‌شدن مالیه عینیت بخشیده است.

بین‌المللی‌شدن بازارهای مالی، آن هم با سرعتی روزافزون، علاوه بر آن که مرهون پیشرفت‌های تکنولوژیکی به‌ویژه فناوری اطلاعاتی است، تا حدود زیادی از آموزه‌های لیبرال‌های متأخر تأثیر پذیرفته است. مقررات‌زدایی به مفهوم «کنار گذاشتن انحصارات دولتی در اقتصاد و فرصت دادن به کارآفرینان بخش خصوصی» و قائل شدن نقش حداقلی برای دولت و محدود شدن این نقش به نظارت که از مهم‌ترین آموزه‌های لیبرالیستی است، بیش‌ترین کاربرد را در بازارهای مالی داشته است. مقررات‌زدایی به بازار اجازه داده تا متکی به سازوکار خودتنظیمی باشد. به عبارت دیگر، بازار بر اساس مجوزی که خود برای خود صادر کرده، عمل می‌کند و مقرراتی را که بخواهد از بیرون برای آن وضع شود، نمی‌پذیرد و محدودیت‌هایی نظیر بازداشتن بانک‌های تجاری از ورود به

---

۱. تونی پورتر، **جهانی‌شدن و مالیه**، ترجمهٔ علی حسینی‌خواه (تهران: مرکز ملی مطالعات جهانی شدن، ۱۳۸۵)، ص ۱۷ــ۱۰.

حوزهٔ فعالیت بانک‌های سرمایه‌گذاری را که دست و پاگیر می‌داند، از سر راه برمی‌دارد.[1]

به نظر طرفداران مقررات‌زدایی، بازخورد این فعل و انفعالات همانند گسترش تجارت آزاد، همهٔ کشورها را منتفع می‌کند، چراکه به‌عنوان مثال، کشوری که به رکود موقت یا بلایای طبیعی دچار است، می‌تواند از بازارهای مالی بین‌المللی وام بگیرد و یا کشورهای درحال‌توسعه که با مشکل کمبود سرمایه مواجه‌اند، می‌توانند این نقیصه را با گرفتن وام جبران کنند و آن را در جهت رشد اقتصادی به مصرف رسانند.[2] به علاوه، ابزارهای مالی به قدری کاراست که نمی‌توان از آن غافل ماند، به خصوص نوع مشتقهٔ این ابزارها که اگر به خوبی به کار گرفته شود، موجب افزایش انعطاف مالی خواهد شد.

---

۱. هدف از مقررات مزبور که از آن به نام قانون گلاس-اشتیگال یاد می‌شود و در سال ۱۹۳۳ در کنگره وضع شد، این بود که سپرده‌گذاران را از ریسک معاملات اوراق بهادار به دور دارد و از فروپاشی بانک‌ها که در طول دورهٔ رکود بزرگ اتفاق افتاد، جلوگیری کند. تصویب قانون مدرنیزه کردن خدمات مالی Financial Services Modernization Act در سال ۱۹۹۹ به بانک‌های تجاری و سرمایه‌گذاری اجازه داد تا وارد حوزهٔ فعالیت یکدیگر شوند و به این ترتیب مرزبندی بین آن دو را از میان برداشت. برخی از طرفداران مقررات‌زدایی آن را در راستای جهانی‌شدن تفسیر می‌کنند. به اعتقاد آن‌ها، منع بانک‌های تجاری از ورود به حوزهٔ فعالیت بانک‌های سرمایه‌گذاری (موضوع قانون گلاس-اشتیگال) می‌توانست برحذرداشتن بانک‌ها از جهانی‌شدن را هم از آن فایده کرد.

۲. محمد خضری، «جهانی‌شدن اقتصاد؛ تهدید یا فرصت؟»، ***فصلنامهٔ مطالعات راهبردی***، ۱۳ (پاییز ۱۳۸۰): ۳۳۵ـ۳۳۴.

فصل سوم

شناخت بحران

مقدمه

بحران اعتباری، موسوم به وام‌های دون‌اعتبار که اکنون اقتصاد جهانی را درنوردیده است، نخستین علامت آشکار خود را در اوایل سال ۲۰۰۷ نشان داد.[۱] در فوریهٔ آن سال اچ.اس.بی.سی[۲]، بزرگ‌ترین بانک انگلیس از حیث ارزش بازار، اعلام کرد که رئیس بخش عملیات امریکای شمالی خود را برکنار کرده است. آن‌گاه خبر دیگری حکایت از آن می‌کرد که میزان مطالبات سوخت‌شدهٔ مربوط به وام‌های رهنی آن بانک به ۶/۸ میلیارد دلار افزایش یافته، و بانک مزبور مبلغ ۱۰/۵ میلیارد دلار برای این قبیل مطالبات ذخیره در نظر گرفته است.

اعلام خبر برکناری رئیس بخش عملیات امریکای شمالی بانک مذکور گمانه‌زنی‌هایی در مورد چندوچون ماجرا و پشت پردهٔ آن به همراه داشت. از جمله آن که در ماه مارس ۲۰۰۷ مقاله‌ای تحت عنوان «آیا سرانجام

---

۱. به اعتقاد برخی از صاحب‌نظران بحران مورد نظر خیلی قبل از این، یعنی از اواسط دههٔ جاری، به گونه‌ای نامحسوس، آغاز شده بود.

2. HSBC

بحران مسکن فرا رسید؟» احتمال داد که رئیس بخش عملیات امریکای شمالی بانک مذکور به خاطر به‌بارآوردن ضرر در ارتباط با وام‌های رهنی مسکن در امریکا عزل شده است.[1]

رخدادهای بعدی چون سقوط شدید ارزش سهام نیو سنچری فاینانشیال[2] (دومین بانی[3] وام‌های دون‌اعتبار) از ۶۶ دلار به تقریباً صفر، و اعلام خبر تأثیر منفی پرتفوی واشنگتن میوچال[4] (بزرگ‌ترین مؤسسهٔ وام و پس‌انداز امریکا در آن زمان) بر سود این مؤسسه، احتمال بروز بحران در بازار رهن مسکن امریکا را تقویت کرد. این احتمال وقتی تبدیل به یقین شد که تعداد زیادی از مؤسسات مالی و اعتباری کوچک و متوسط اعلام ورشکستگی کردند. به علاوه، نکول وام و ضبط خانه‌های در رهن به شدت افزایش یافت و سهام داوجونز و نسدک در تاریخ ۱۵ اوت ۲۰۰۷ بیش‌ترین کاهش شاخص را تجربه کرد.

برای شناخت بحرانی که از بازار مسکن سربرآورد و سپس به بازارهای دیگر سرایت کرد و هم‌اکنون اقتصاد جهانی را گرفتار کرده است، به عوامل و وقایعی که منجر به آن شد، می‌پردازیم.

شناخت بحران

به‌طورکلی، گفته می‌شود که ماهیت بحران جاری اعتباری است، چرا که منشأ آن وام‌های رهنی دون‌اعتبار بود و همچنین نشانه‌های آن هم نخست در مؤسسات اعتباری مشاهده شد و این مؤسسات را با کمبود نقدینگی مواجه کرد.

---

1. Has the Housing Crisis Finally Arrived?. [on-line] Available: www.trumpet.com [Accessed 29 March 2007].
2. New Century Financial
3. originator
4. Washington Mutual

در این‌جا، ضمن تشریح پدیدهٔ وام‌های رهنی دون‌اعتبار و بیان ویژگی‌های آن، به تحولات بازار مسکن امریکا در دورهٔ زمانی مورد نظر می‌پردازیم. آن‌گاه بازیگران، عوامل و ابزارهای آن را برمی‌شماریم. سپس تحولاتی را که باعث ایجاد و ترکیدن حباب مسکن شد، بررسی می‌کنیم. در پایان سلسله عوامل و وقایعی را که منجر به ایجاد بحران موسوم به وام‌های دون‌اعتبار شد و آن را به بازارهای مالی جهانی سرایت داد، برمی‌شماریم.

وام‌های دون‌اعتبار

همان‌گونه که در فصل اول گفته شد، در امریکا، اعطای وام مسکن به منظور خانه‌دارکردن قشرهای متوسط و محروم جامعه به سه دهه قبل بازمی‌گردد. در سال ۱۹۷۷ قانونی تحت عنوان قانون سرمایه‌گذاری مجدد جامعه به تصویب رسید که ناظر به این موضوع بود. در سال ۱۹۹۲ کنگره با گذراندن مصوبه‌ای، دو مؤسسهٔ شبه دولتی فانی‌می و فردی‌مک را مکلف کرد تا اقدامات بیش‌تری در این مورد انجام دهند. در سال ۱۹۹۶، زمان ریاست جمهوری بیل کلینتون، وزارت مسکن و توسعهٔ شهری امریکا از دو مؤسسهٔ یاد شده خواست تا ۴۲ درصد از منابع خود را به اعطای وام به این دو قشر اختصاص دهند و نسبت مزبور را در سال‌های ۲۰۰۰ و ۲۰۰۵ به ترتیب به ۵۰ و ۵۲ درصد برسانند.

ارزش بازار وام‌های دون‌اعتبار تا سال ۲۰۰۴ نسبت به ارزش کل بازار وام‌های رهنی سهمی ناچیز (۹درصد) داشت؛ لیکن ظرف سال‌های ۲۰۰۴ تا ۲۰۰۶ سهم آن افزایشی چشم‌گیر پیدا کرد و در سال ۲۰۰۶ (اوج اعطای وام‌های دون‌اعتبار) به ۲۰ درصد رسید.[1]

---

1. "CSI: Credit Crunch", *The Economist*, (18 Oct 2007).

برای پی‌بردن به جزئیات امر به سال‌های ۲۰۰۱ و ۲۰۰۴ بازمی‌گردیم و تحولات راجع به موضوع را با محوریت این دو نقطهٔ عطف زمانی، پی می‌گیریم.

الف. سال ۲۰۰۱

سال ۲۰۰۱ به دو دلیل حائز اهمیت است:

ـ اقتصاد امریکا در این سال با کسادی، هرچند در حدی ملایم، مواجه بود.[۱]

ـ واقعهٔ ۱۱ سپتامبر در این سال اتفاق افتاد.

ضربهٔ سختی که واقعهٔ ۱۱ سپتامبر به اقتدار و هژمونی امریکا وارد کرد و آثار سوئی که در بازارهای مالی به جا گذاشت، آن کشور را به شدت نگران و دستپاچه کرد، چراکه تأثیر روانی آن واقعه بر جهانیان می‌توانست عواقب وخیمی چون فرار سرمایه را برای بزرگ‌ترین اقتصاد جهان به همراه آورد و آن را به‌ویژه با توجه به زمینهٔ مناسبی که در آن وقت فراهم بود (یعنی کسادی اقتصاد)، به رکودی عمیق کشاند.[۲] این وضعیت، مسئولان اقتصادی امریکا را بر آن داشت تا چاره‌ای بیندیشند. فدرال رزرو چاره را در تداوم‌بخشیدن به سیاست پولی انبساطی و حتی تشدید آن دید. از این رو، نرخ بهره (بین بانکی) که از سال ماقبل (۲۰۰۰) رو به کاهش گذاشته بود و در روز واقعه (۱۱ سپتامبر ۲۰۰۱) به ۳/۵ درصد

---

۱. اقتصاد امریکا در سال ۲۰۰۱ همچنان درگیر عوارض ترکیدن حباب شرکت‌های اینترنتی، موسوم به dot.com bubble بود که درسال قبل از آن (۲۰۰۰) اتفاق افتاده بود.

۲. در اقتصاد بازار، رکود بدترین دور از ادوار تجاری است و همواره تا سر حد امکان سعی می‌شود از آن پرهیز شود. رکود علاوه بر این که همراه با نابهنجاری‌های عمدهٔ اقتصادی و اجتماعی چون بیکاری است، به لحاظ روانی هم، از آن‌جا که خاطرهٔ تلخ رکود بزرگ (۱۹۲۹ـ۱۹۳۳) را تداعی می‌کند، آزاردهنده است.

رسیده بود تا سال ۲۰۰۳ طی چند مرحله به ۱ درصد کاهش یافت[1]، به این امید که با تزریق پول ارزان (در قالب وام‌های کم بهره) و ایجاد رونق، تولید و درآمد و میل به مصرف افزایش یابد.

اجرای سیاست مزبور که علی‌القاعده موجب جذب سرمایهٔ بیش‌تر می‌شود، به صنعت ساختمان‌سازی و مسکن جان تازه‌ای دمید. این صنعت از آن جهت هدف قرار گرفت که ۱۵ درصد اقتصاد امریکا را به خود اختصاص داده، و از هر ۸ امریکایی یک نفر، مستقیم یا غیرمستقیم، در آن صنعت مشغول به کار است. به عبارت دیگر، ساختمان‌سازی و مسکن نیروی محرکهٔ اقتصاد امریکا است، به‌طوری‌که رونق آن می‌تواند منجر به رونق سایر بخش‌های اقتصاد شود و رکود آن هم به رکود آن بخش‌ها بیانجامد. علاوه بر این، میزان مصرف خانوار در کشورهای صنعتی چون امریکا رابطهٔ مستقیم با ثروت مسکن[2] دارد، به گونه‌ای که طبق آخرین برآوردها، هر دلار افزایش ثروت مسکن، موجب افزایش ۵ سنتی مصرف می‌شود.

تداوم و تشدید سیاست پولی انبساطی هرچند که موجب رونق ساخت‌وساز شد، در ابتدا شکاف بین عرضه و تقاضا را در بازار مسکن بیش‌تر کرد، چرا که تقاضای واقعی به همراه تقاضای سوداگرانه (سفته‌بازی) بیش از پیش وارد بازار شد، در حالی که افزایش عرضه (ساخت و ساز) برخلاف تقاضا که می‌تواند به فوریت و به سرعت افزایش یابد، زمان می‌خواهد تا بتواند خود را با افزایش تقاضا تطبیق دهد.

---

1. The Federal Reserve Board, http://www.federalreserve.gov/ fome/ fundsrate.htm

۲. مقصود از ثروت مسکن، ارزش منازل مسکونی شهروندان است. در اقتصاد امریکا افزایش ارزش مسکن شهروندان به افزایش سقف اعتباری آن‌ها می‌انجامد و این نیز به نوبهٔ خود موجب افزایش مصرف می‌شود (رابطهٔ مستقیم بین اعتبار و مصرف، به ترتیب متغیر مستقل و متغیر تابع).

شکاف نیروهای بازار و تشدید روزافزون آن به خاطر هجوم سفته‌بازها و سرمایه‌گذاران داخلی به بازار پرسود مسکن و باز شدن پای سرمایه‌گذاران خارجی به آن، افزایش بیش از پیش نقدینگی و بالا رفتن قیمت مستغلات را درپی داشت.

شرایط مزبور برای فعالان و مشارکت کنندگان بازار، به‌ویژه بانک‌ها و مؤسسات گوناگون مالی و اعتباری فرصتی فراهم کرد تا برای کسب بیش‌ترین سود نهایت تلاش را به خرج دهند و به رقابتی سنگین دست زنند.

شناخت حوزهٔ فعالیت هر یک از این بازیگران، ما را در درک بهتر نقش احتمالی آن‌ها در این بحران یاری می‌کند.

۱. مؤسسات وام‌دهنده، اعم از بانک‌های سپرده‌پذیر، مؤسسات پس‌انداز و وام و شرکت‌های رهنی

این مؤسسات که از آن‌ها تحت عنوان بانی یاد می‌شود، معمولاً مبادرت به اعطای وام‌های رهنی ممتاز[۱] و دون‌اعتبار می‌کردند. آن‌ها طی فرآیندی که در بند ۲ ذیل به آن می‌پردازیم، وام‌های پرداختی را به بانک‌های سرمایه‌گذاری و مؤسسات مالی و اعتباری رهنی می‌فروختند و به این طریق منابع تخصیص داده شده را برای اعطای وام‌های بیش‌تر آزاد می‌کردند.

۲. مؤسسات مالی و اعتباری رهنی و بانک‌های سرمایه‌گذاری

این عاملان، بسته‌های متشکل از چند صد یا چند هزار فقره وام رهنی همگن از حیث نرخ بهره، سررسید، و طبقهٔ مالکیت (تحت عنوان بسته‌های مالی) را خریداری می‌کردند و به پشتوانهٔ آن، به انتشار اوراق بهادار مبادرت می‌ورزیدند. اوراق بهادار مزبور نوعی ابزار مشتقه است که

X ۱. prime lending، وام‌هایی که به معتبرترین وام‌گیرندگان تعلق می‌گیرد و معمولاً دارای کم‌ترین نرخ بهره است.

ارزش آن از همان دارایی مبنا[1] (در این‌جا وام‌های بسته‌بندی شده یا به عبارتی یک‌کاسه‌شده) نشئت می‌گیرد و به همین دلیل به آن، مشتقهٔ اعتباری[2] می‌گویند.

در این میان، فانی‌می و فردی‌مک (به شرح تفصیلی مندرج در فصل اول) که نصف ارزش کل بازار رهن را در اختیار داشتند به همراه سایر مؤسسات مشابه، بسته‌های مالی مورد اشاره را خریداری و بر مبنای آن «اوراق بهادار با پشتوانهٔ رهن»[3] منتشر می‌کردند و آن اوراق را به سرمایه‌گذاران نهادی، نظیر صندوق‌های سرمایه‌گذاری مشترک، شرکت‌های بیمه، صندوق‌های بازنشستگی و سرمایه‌گذاران حقیقی می‌فروختند.

«اوراق بهادار با پشتوانهٔ رهن» به خاطر امتیازات زیر توانست اعتماد سرمایه‌گذاران را جلب کند و رضایت آن‌ها را از سرمایه‌گذاری صورت داده به دست آورد:

– گرفتن بالاترین نمرهٔ اعتباری[4] از مؤسسات رتبه‌سنجی

– برخورداری از بازدهی بیش‌تر نسبت به اسناد خزانه (به‌عنوان شاخص مطمئن‌ترین اوراق بهادار)[5]

فرآیند مورد اشاره در بالا را «تبدیل دارایی‌ها به اوراق بهادار»[6] می‌گویند. به موجب فرآیند مزبور، با تجمیع یا به عبارتی، با یک کاسه‌کردن دارایی‌ها، مطالبات، و ابزارهای مالی و بسته بندی آن‌ها،

---

1. underlying assets 2. credit derivatives

3. Mortgage Backed Securities (MBS)

4. AAA

۵. شایستهٔ ذکر است که معمولاً هر چقدر اسناد بهادار مطمئن‌تر باشد، نرخ بازدهٔ آن کم‌تر است، چرا که ریسک آن کم‌تر است. در صورتی که «اوراق بهادار با پشتوانهٔ رهن» مزبور هرچند که ظاهرا خیلی مطمئن بود (و بنابراین کم ریسک) ولی نرخ بازدهٔ آن بالا بود! به این نکته کلیدی خواهیم پرداخت.

۶. securitization، از این رو به فرآیند مزبور securitization می‌گویند که موجب امنیت خاطر سرمایه‌گذاران می‌شود.

محصولی جدید تولید و به بازار عرضه می‌شود که نقش وثیقه را برای سرمایه‌گذاران ایفا می‌کند. به زعم مهندسان مالی، پدیدهٔ تبدیل دارایی‌ها به اوراق بهادار موجب تقسیم یا به عبارتی توزیع ریسک در گستره‌ای بسیار وسیع می‌شود. با ابداع و راه‌اندازی این نوآوری، ریسک اعتباری (نکول) که به‌طورسنتی روی دوش بانک‌های اعطاکنندهٔ وام (مؤسسات بانی) سنگینی می‌کرد، به‌طورکلی، به سرمایه‌گذاران منتقل می‌شود.[1]

۳. بانک‌ها، شرکت‌های بیمه، و سایر مؤسسات مالی

این بازیگران با انتشار نوعی اوراق بهادار به اسم سواپ نکول اعتباری، اوراق بهادار با پشتوانهٔ رهن را به نوعی در برابر ریسک نکول (به عبارتی ریسک اعتباری) بیمه می‌کردند.

بازار سواپ مزبور که فرابورسی است و از عمر آن بیش از یک دهه نمی‌گذرد، طی سال‌های اخیر رشدی انفجاری داشته و به گفته کریستوفر کاکس رئیس کمیسیون اوراق بهادار و بورس امریکا، ارزش آن در سال ۲۰۰۸ به ۵۸ تریلیون دلار رسیده است.[2]

---

۱. گفتنی است که معمولاً به موازات انتقال ریسک نکول از بانی وام به سرمایه‌گذار، حق دریافت اقساط وام‌های واگذاری به این طریق، به مؤسسهٔ خریدار بسته‌های مالی منتقل می‌شود. از این روست که پدیدهٔ تبدیل دارایی‌ها به اوراق بهادار موجب تسهیل دسترسی وام‌گیرندگان به منابع مالی (به خاطر آزاد شدن منابع تخصیصی بانی وام و فراهم شدن امکان تخصیص مجدد همان منابع) و دسترسی سرمایه‌گذاران به دارایی می‌شود. به عبارت دیگر، پدیدهٔ مزبور بازار اولیه (بانک‌های اعطا کننده وام) را به بازار ثانویه (بازار سرمایه که در آن اوراق بهادار با پشتوانهٔ رهن منتشرمی‌شود و سرمایه‌گذاران آن را خریداری می‌کنند) پیوند می‌دهد و موجب می‌شود تا بازار اولیه از قابلیت‌های بازار ثانویه، از جمله انتقال ریسک از بانی به سرمایه‌گذار، استفاده کند.

۲. سخنرانی ۸ اکتبر ۲۰۰۸ نامبرده، قابل دسترسی در سایت آن سازمان به نشانی: www.sec.gov/news/speech/2008

شایستهٔ ذکر است که سواپ نکول اعتباری از حلقه‌های کم‌تر شناخته شده‌ای است که

←

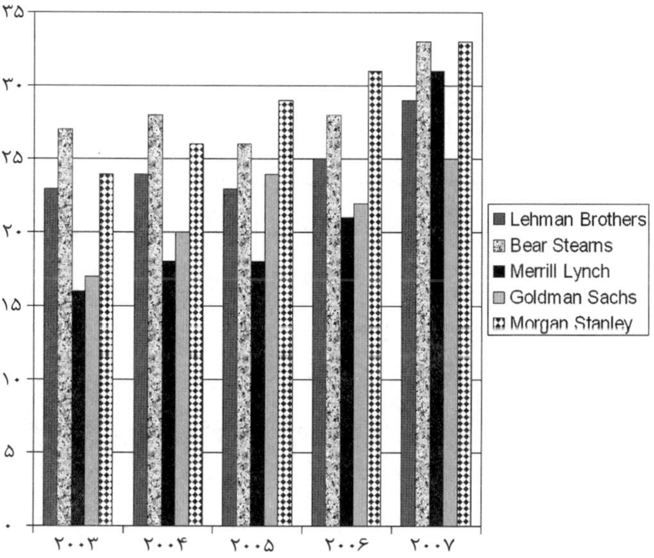

نمودار ۱. نسبت اهرمی ۵ بانک سرمایه‌گذاری برتر امریکا از سال ۲۰۰۳ تا ۲۰۰۷

Source Data: Company Annual Reports (SEC form 10K)

ادامهٔ سیاست پولی انبساطی تا سال ۲۰۰۴ و افزایش بیش از پیش قیمت مسکن، بازار مسکن (بازار حقیقی) و بازارهای اولیه و ثانویهٔ رهن (بازار مالی) را جذاب کرد و موجب تشدید تقاضای واقعی و سوداگرانه و شکاف بین نیروهای بازار (به خاطر تقاضای بیش از عرضه)، داغ شدن بازار انواع مشتقه‌های اعتباری، رشد انفجاری ارزش بازار سواپ نکول اعتباری و... شد. سرمایه‌گذاران نهادی و حقیقی، اعم از داخلی و خارجی، به هر دو بخش بازار تأثیرگذار مزبور روی آوردند تا از فواید آن

بدون شناخت کافی آن، شناخت بحران مورد بحث امکان‌پذیر نیست. آقای کاکس در آن سخنرانی، مطالبی در این خصوص بیان کرد که بعداً به تفصیل به آن پرداخته می‌شود.

بی‌نصیب نمانند. بانک‌ها، به‌ویژه بانک‌های سرمایه‌گذاری نیز که بیش از همه از مقررات‌زدایی منتفع شده بودند تا توانستند با بالابردن نسبت اهرمی (نسبت بدهی به سرمایه) خود (نمودار ۱) که طبعاً همراه با پذیرش ریسک بیش‌تری است، سود بیش‌تری دست‌وپا کردند.[۱]

علاوه بر این، نظام بانکداری سایه با اهرمی‌تر شدن روزافزون و با به کارگیری اوراق بهادار با پشتوانهٔ رهن و سواپ نکول اعتباری و بهره‌گیری از مزایای مقررات‌زدایی به بازار رونق بیش‌تری بخشید.

با سرازیر شدن سیل نقدینگی به بازار، منابع لازم برای جذب تقاضاهای جدید وام رهنی فراهم شد، به گونه‌ای که تقاضای قشرهای کم‌بضاعت هم می‌توانست اجابت شود. به‌علاوه، چون قیمت مسکن در حال افزایش بود، وام‌دهندهٔ وام‌های رهنی چندان نگران بازپرداخت اقساط وام توسط وام‌گیرنده نبود، چراکه اگر راهن نمی‌توانست ادای دین کند، مرتهن عین مرهونه را ضبط می‌کرد و از محل فروش آن به اصل و فرع مطالبات خود می‌رسید.[۲] بنابراین تحت این شرایط، برداشتن محدودیت‌های اعتباری پرداخت وام‌های دون‌اعتبار قابل توجیه، و رواج گستردهٔ تأمین مالی مجدد[۳] (رهن دوم)، عادی می‌نمود.

---

۱. همان‌طور که در نمودار فوق نشان داده شده روند صعودی نسبت اهرمی‌حداقل تا سال ۲۰۰۷ ادامه داشته است.

۲. تحت شرایط آن وقت، وام‌گیرنده هم وضعیت مشابهی داشت. یعنی او هم به نوبهٔ خود خاطرجمع بود که اگر نتواند اقساط وام دریافتی را بپردازد، با توجه به قرار داشتن قیمت مسکن در روندی صعودی، حداقل چیزی از دست نمی‌دهد.

۳. تأمین مالی مجدد (refinancing) یا به عبارتی تجدیدپذیری وام‌های رهنی، به وام‌گیرندگان قبلی امکان می‌داد تا وام دریافتی را به وام جدید تبدیل کنند. مبلغ وام دوم با توجه به سیر افزایشی قیمت مسکن در مقطع زمانی مورد بحث بیش‌تر بود. به‌عنوان مثال، مؤسسهٔ وام‌دهنده‌ای که ۹۰ درصد از مبلغ خانهٔ ۳۰۰ هزار دلاری قبلی را پرداخت کرده بود (۲۷۰ هزار دلار)، اگر قیمت آن خانه به ۴۰۰ هزار دلار افزایش

←

ب. سال ۲۰۰۴

همان‌گونه که قبلاً ذکر شد، سال ۲۰۰۴ را می‌توان نقطهٔ عطف دیگری در رابطه با موضوع مورد بحث به شمار آورد، چرا که در این سال سیاست پولی انبساطی فدرال رزرو جای خود را به سیاست پولی انقباضی داد. نرخ بهره که از رقم ۶/۵ درصد در ماه مه سال ۲۰۰۰، به ۱ درصد در ماه ژوئن سال ۲۰۰۳ تقلیل یافته بود، از ماه ژوئن سال ۲۰۰۴ جهتی معکوس

می‌یافت، مبادرت به اعطای وام ۳۶۰ هزار دلاری می‌کرد. بدیهی است درصورتی‌که بعداً نرخ بهره افزایش می‌یافت، با توجه به افزایش مبلغ وام دوم و نیز افزایش نرخ بهره، اقساط وام مزبور به‌طورمضاعف افزایش می‌یافت که بالطبع احتمال نکول آن هم به شدت افزایش می‌یافت.

در طول سال‌هایی که نرخ بهره سیری نزولی می‌پیمود (۲۰۰۱ تا ۲۰۰۴)، وام‌دهندگان وام‌گیرندگان را به تأمین مالی مجدد تشویق می‌کردند.

اعطای وام دوم (مشهور به رهن دوم second mortgage) هرچند که متضمن نرخ بهرهٔ کم‌تری بود، لیکن از آن‌جا که حتی در مواردی تا ۱۲۰ درصد ارزش عین مرهونه وام داده می‌شد، بر میزان بدهی راهن به شدت می‌افزود.

تأمین مالی مجدد از دو جهت نقشی دوگانه داشت:

الف: هرچند که وام‌گیرنده را از امتیاز برخورداری از وام با هزینهٔ مالی کم‌تر برخوردار می‌ساخت (به خاطر نرخ بهرهٔ وام دوم که کم‌تر بود)، اگر وام مورد نظر از نوع وام رهنی بهره‌متغیر می‌بود (که حداقل در مورد وام‌های دون‌اعتبار همین طور بود)، در صورت افزایش نرخ بهره، شرایط جدید به طور مضاعف به ضرر وام‌گیرنده رقم می‌خورد.

ب: خیلی از وام‌گیرندگان به این امید که بعداً می‌توانند با شرایط مطلوب‌تر وام بگیرند، به شرایط سخت‌تر وام اول تن می‌دادند. بدیهی است در صورتی که به هر دلیل وام رهنی دوم جور نمی‌شد، وام‌گیرنده (وام نخست) احساس غبن می‌کرد.

عملیات ناظر بر تأمین مالی مجدد، طرح پونزی (Ponzi Scheme) را تداعی می‌کند. به موجب طرح مزبور که به نام طراح نگون‌بخت آن، چارلز پونزی، معروف است، بدهی‌های قدیم از محل بدهی‌های جدید یا درآمد سرمایه‌گذاری سرمایه‌گذاران قبلی از محل سرمایه‌گذاری‌های جدید تأمین مالی می‌شود.

گفتنی است که وام‌گیرندگان رهن دوم معمولاً مابه التفاوت وام اول و دوم را صرف خرید اقلام مصرفی نظیر اسباب و لوازم منزل، می‌کردند.

به خود گرفت و طی ۵ مرحله افزایش به ۲/۲۵ درصد در پایان آن سال رسید.[1]

سیاست پولی انقباضی که می‌توانست آثاری متفاوت بر بازارهای پول و سرمایه به‌جاگذارد، در شرایطی اتخاذ شد که بازار با افزایش نقدینگی و شکل‌گیری حباب مسکن مواجه شده بود. ویژگی‌های آن مقطع زمانی عبارت بود از:

– رواج سفته‌بازی مفرط در دو بخش واقعی و مالی بازار مسکن

– تنزل استانداردهای پرداخت وام و سهل‌گیری‌های پرسش‌برانگیز از جمله در مورد میزان اعتبار متقاضیان، و رواج ارائهٔ اطلاعات نادرست از طریق تقاضانامه‌های وام در غیاب نظارت کافی بر بازار

– ایجاد مشوق‌های بعضاً شبهه‌ناک به‌منظور ترغیب مردم به گرفتن وام و حتی گرفتن وام دوم[2]

– روند افزایشی قیمت مسکن

– توسل بی‌سابقه به ابزارهای ثانویهٔ رهن، و...

از سوی دیگر، اگرچه بازار در سال ۲۰۰۴ در وضعیت بسط اعتباری[3] قرار داشت، لیکن همان‌گونه که قبلاً اشاره شد تا سال مزبور، سهم

---

۱. در ماه ژوئن ۲۰۰۶ برای آخرین بار نرخ بهره افزایش یافت و رقم ۵/۲۵ درصد را تجربه کرد. این روند افزایشی از ماه سپتامبر سال ۲۰۰۷ مجدداً کاهشی شد.

۲. یادآوری می‌شود که وام‌گیرندگان با استفاده از حباب قیمت مسکن که طبعاً موجب افزایش قیمت خانهٔ رهنی آن‌ها هم شده بود، می‌توانستند از وام دوم، آن هم به مبلغی بیش از مبلغ وام اول و نرخ بهره‌ای کم‌تر از آن، استفاده کنند. بانک‌ها و مؤسسات اعتباری هم به پشتوانهٔ افزایش قیمت خانه‌های رهنی که در شرایط حبابی بازار مسکن تحقق یافته بود و با استفاده از سازوکار تأمین مالی مجدد، مبادرت به اعطای وام دوم می‌کردند. طبق آمار، بدهی خانوارهای امریکایی نسبت به درآمد شخصی قابل تصرف آن‌ها از ۱۰۱ درصد در سال ۱۹۹۹ به ۱۴۲ درصد در سال ۲۰۰۷ افزایش یافت. مراجعه شود به: http://www.federalreserve.gov/releases/z1/Current/data.htm

3. credit boom

وسوسه می‌کرد. این مؤسسات از ریسک‌پذیری بیش‌تری برخوردار بودند.

۴. بالا بودن نرخ بهرهٔ وام‌های دون‌اعتبار نه تنها مشوق برخی از مؤسسات مالی بود، بلکه اوراق بهادار با پشتوانهٔ این نوع وام رهنی[۱] هم برای سرمایه‌گذاران جاذبهٔ بیش‌تری داشت.

۵ـ بازهٔ زمانی ۲۰۰۴ تا اواخر سال ۲۰۰۶ را می‌توان دورهٔ سهل‌گیری اعطای وام‌های دون‌اعتبار خواند. در طول این دوره، ۱/۳ تریلیون دلار وام دون‌اعتبار پرداخت شد که بالاترین رقم در تاریخ وام‌های دون‌اعتبار است.[۲]

نمونهٔ سهل‌گیری‌های مورد اشاره عبارت بود از:

ـ گسترش حوزهٔ مشمولان واجد شرایط وام به افراد فاقد شغل، فاقد درآمد، و فاقد دارایی[۳]

ـ تقلیل سهم عهدهٔ وام‌گیرنده[۴] به حداکثر ۲ درصد. این سهم در ۴۳ درصد از موارد، صفر بود.[۵]

---

۱. آمارهای موجود نشان می‌دهد که علاوه بر رشد چشمگیر سهم بازار وام‌های رهنی دون‌اعتبار نسبت به کل بازار وام‌های رهنی در طول دوره یاد شده، سهم این نوع وام که تبدیل به اوراق بهادار شد هم افزایش زیادی پیدا کرد و از ۵۴ درصد در سال ۲۰۰۱ به ۷۵ درصد در سال ۲۰۰۶ رسید. این بدان معناست که در اوج گرمی بازار وام‌های دون‌اعتبار، سه‌چهارم آن وام‌ها سر از بازار ثانویهٔ رهن درآورد. مراجعه شود به:

Yuliya Demyanyk, Otto Van Hemert, "understanding the subprime mortgage crisis", *Federal Reserve Bank of St.Leuis*, (August 2008).

2. "America's economy getting worried downtown", *The Economists*, (Nov. 15 2007).

۳. وام‌های مزبور را ninja می‌خواندند که مخفف no income, no job, no assets است.

۴. down payment، مبلغی از ارزش عین مرهونه که وام‌گیرنده شخصا می‌پردازد و به درصد بیان می‌شود. به‌عنوان مثال، اگر وام‌دهنده (مرتهن) در ازای به رهن گرفتن خانه‌ای (عین مرهونه) به ارزش ۱,۰۰۰,۰۰۰ دلار، مبلغ ۹۸۰,۰۰۰ دلار به وام‌گیرنده (راهن) پرداخت کند، سهم عهدهٔ وام‌گیرنده ۲۰,۰۰۰ دلار (۲ درصد) خواهد بود.

5. Noelle Knox,. "43% of first-time home buyers put no money down", *USA Today*, (17 Jan. 2006).

ـ محدود کردن اقساط وام در دورهٔ اولیهٔ پرداخت به فقط بهره (نه اصل و بهره)

یادآور می‌شود که بازار مسکن امریکا در سال‌های مذکور سه وضعیت مختلف را تجربه کرد: در اوایل آن، خانه‌های ساخته‌شده به‌تدریج وارد بازار شد و در معرض فروش قرار گرفت. در سال ۲۰۰۵ عرضه و تقاضا به‌تدریج در ایالات مختلف به تعادل رسید. از تابستان سال ۲۰۰۶ عرضه از تقاضا پیشی گرفت و قیمت مسکن که به اوج رسیده بود، رو به کاهش گذاشت و به این ترتیب، ترکیدن پی‌درپی حباب مسکن را در ایالات مختلف در بر داشت.

ترکیدن حباب مسکن

پیشی‌گرفتن عرضهٔ مسکن از تقاضا و شروع روند افزایشی خانه‌های نوساز به فروش نرفته موجب شد تا قیمت مسکن از تابستان سال ۲۰۰۶ که به اوج خود رسیده بود رو به کاهش گذارد و به این ترتیب ترکیدن حباب مسکن در بخش واقعی این صنعت را رقم زند.

نمودار صفحهٔ بعد نشان می‌دهد که به‌طورکلی قیمت مسکن از تابستان ۲۰۰۶ تا اواخر سال ۲۰۰۸ نزدیک به ۲۰ درصد کاهش یافته است.

ترکیدن پی‌درپی حباب مسکن در ایالات مختلف سرآغاز تحولاتی بود که بحران موسوم به وام‌های دون‌اعتبار و سپس بحران مالی جهانی را در پی داشت. در زیر به سیر این تحولات اشاره می‌کنیم:

ـ با پایان گرفتن دورهٔ خوش بازار مسکن در سال ۲۰۰۶، سفته‌بازها از این بازار خارج شدند.[1]

---

1. Les Christie, Homes: big drop in speculation. [on-line] Available: www.CNNMoney.com [Accessed 30 April 2007].

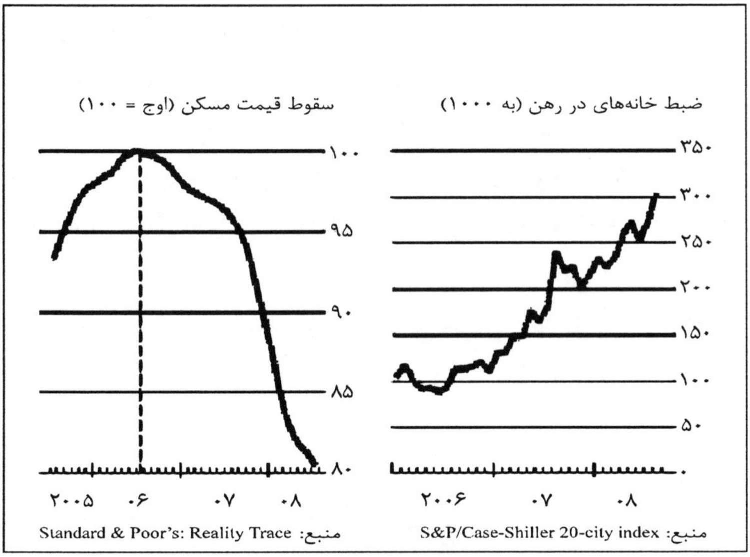

نمودار ۲. سقوط شدید قیمت مسکن از اوج آن در سال ۲۰۰۶ و افزایش ضبط خانه‌های در رهن

ـ ترکیدن حباب مسکن موجب شد تا قیمت مسکن در ایالات مختلف کاهش یابد.

ـ مؤسسات وام و اعتبار جداول وام‌های پرداختی را مطابق شرایط انقباضی جدید که متضمن افزایش مبلغ اقساط بود، مجدداً تنظیم کردند.[1] همزمان با آن، تأمین مالی مجدد که در شرایط انبساطی قبلی ممکن بود، دشوار و حتی غیر ممکن شد.[2]

---

1. resetting

۲. دشوار شدن تأمین مالی مجدد، هم استفاده کننده‌های قبلی از این امکان و هم آن‌ها را که در انتظار استفاده از آن بودند، به نوعی دچار زیان کرد. دستهٔ نخست که تن به وام دوم داده بود، نه تنها دیگر نمی‌توانست از مزیت بهرهٔ کم‌تر منتفع شود، بلکه حتی با

←

ـ وام‌گیرندگان، به‌ویژه وام‌گیرندگان دون‌اعتبار از پرداخت اقساط وام‌های رهنی عاجز ماندند. به این ترتیب، نکول تعهدات سررسیدشده افزایش یافت.

ـ عدم پرداخت اقساط وام (به شرح بند اخیر) موجب مصادرهٔ خانه‌های در رهن (ضبط رهن[1]) شد. افزایش موارد نکول تعهدات سررسید شده از سویی، و مواجه شدن مؤسسات وام و اعتباری عهده‌دار مسئولیت نکول با مشکل نقدینگی در اثنای سال ۲۰۰۷ از سوی دیگر، موجب شد تا واحدهای مسکونی مشمول ضبط رهن بیش‌تری به فروش گذاشته شوند.

ـ کاهش ارزش دارایی‌های مبنا (واحدهای مسکونی)، سقوط بازار اوراق بهادار با پشتوانهٔ رهن و کاهش تزریق نقدینگی به آن بازار را به‌دنبال داشت.[2]

ـ افشای ناهمگن بودن بسته‌های مالی تشکیل‌دهندهٔ اوراق بهادار با پشتوانهٔ رهن[3] موجب سلب اعتماد سرمایه‌گذاران و کاهش بیش از پیش

توجه به شرایط جدید، باید اقساط سنگین‌تری (به خاطر افزایش نرخ بهره در شرایط انقباضی جدید و نیز به خاطر افزایش بدهی این دسته از وام‌گیرندگان به دلیل استفاده از وام دوم در شرایط انبساطی قبلی) را هم متحمل می‌شد. دستهٔ دوم که انتظار وام دوم را می‌کشید تا از شرایط نه چندان مطلوب وام نخست رها شود، هم انتظارش محقق نشد.

1. delinquency

۲. به‌دنبال ترکیدن حباب قیمت و کاهش قیمت مسکن به‌عنوان دارایی مبنای اوراق بهادار با پشتوانهٔ رهن، ارزش اوراق مزبور هم کاهش یافت و موجب شد تا سرمایه‌گذاران رغبت کم‌تری برای خرید آن نشان دهند. در نتیجه، نقدینگی بازار کاهش پیدا کرد.

۳. از این جهت ناهمگن بود که بسته‌های مالی مزبور حاوی وام‌های رهنی با درجات مختلف ریسک بود، به طوری که هم وام‌های ممتاز اعتباری (که بدون ریسک است)، و هم وام‌های دون‌اعتبار (که پرریسک است) را در بر می‌گرفت.

تزریق نقدینگی به بازار اوراق بهادار مزبور شد.

ـ تشدید مشکل نقدینگی مبتلابه بازار اولیهٔ رهن[1] در پی کاهش تزریق نقدینگی به بازار ثانویه[2] (اوراق بهادار با پشتوانهٔ رهن).

ـ بانک‌ها و مؤسسات مالی و اعتباری از انجام به موقع تعهدات حال شده خود ناظر بر پرداخت وام، اعطای خط اعتباری، نقد کردن اوراق بهادار مورد تعهد و... بازماندند.

ـ با روبه‌رو شدن بازار پول با پدیدهٔ قبض اعتبار، فرآیند وام‌گیری سخت‌تر شد و نرخ بهرهٔ وام‌ها افزایش بیش‌تری یافت.

ـ بانک‌ها به خاطر کمبود شدید نقدینگی و بی‌اعتماد شدن نسبت به هم، مبادرت به قطع عملیات وام‌های بین بانکی کردند.[3]

ـ اعلام ورشکستگی روزافزون بانک‌ها، مؤسسات مالی و اعتباری، و برخی سرمایه‌گذاران نهادی از اوایل سال ۲۰۰۷.

ـ گسترش پی‌آمدهای سوء ناشی از سقوط بازار اوراق بهادار با پشتوانهٔ رهن به بازارهای مالی جهانی.

گفتنی است که اوراق بهادار با پشتوانهٔ رهن چون کاتالیزور ارتباط متقابل

---

۱. primary market، بازار دستهٔ اولی است که اولین باری که پول قرض داده می‌شود یا اوراق بهادار منتشر می‌شود در آن صورت می‌گیرد.

۲. secondary market، بازار دستهٔ دومی است که کلیهٔ خرید و فروش‌های وام و اوراق بهادار بعد از بازار اولیه در آن انجام می‌شود. گفتنی است که وجود بازار ثانویه موجب تقویت بازار اولیه می‌شود چراکه، عقبهٔ آن است، همان‌طور که خدمات بعد از فروش کالاها موجب اطمینان خاطر خریدار می‌گردد.

۳. وام‌های بین بانکی که به موجب آن، بانک‌ها به یکدیگر قرض می‌دهند از رایج‌ترین عملیات بانکی است. همان‌طور که در متن ذکر شد، قطع این عملیات دو دلیل داشت: ۱. کمبود شدید نقدینگی ۲. بی‌اعتمادی بانک‌ها نسبت به یکدیگر. در مورد دوم، شایستهٔ ذکر است که برخی از بانک‌ها حتی اگر با مشکل نقدینگی هم مواجه نبودند، از بیم رودست خوردن از بانک‌های دیگر و تحلیل‌رفتن منابع‌شان، از دادن وام به آن‌ها خودداری می‌کردند.

بازار مسکن امریکا با بازارهای مالی جهانی می‌ماند و طبعاً تحولات بازار مسکن یاد شده، آن بازارها را تحت تأثیر قرار می‌داد.[۱]

ـ کاهش شدید قیمت سهام داوجونز و نسدک در تاریخ ۱۵ اوت ۲۰۰۷ و گسترش بحران سقوط قیمت سهام به بازارهای مالی اروپایی و آسیایی که به نوعی، اعلام رسمی بحران مالی بود.

---

۱. درهم‌تنیدگی بازارهای مالی و تأثیرگذاری متقابل آن‌ها به‌طور اعم، و سرمایه‌گذاری خارجی‌ها به‌ویژه اروپایی‌ها و چینی‌ها در بازار مسکن امریکا به‌طوراخص، باعث شد تا بازارهای مالی جهانی به سرعت تحت تأثیر آثار سوء سقوط بازار اوراق بهادار با پشتوانهٔ رهن قرار گیرد.

فصل چهارم

علل و عوامل بحران

در مورد ریشه‌های بحران دلایل زیاد و مختلفی برشمرده‌اند. برخی‌ها به فقدان نظارت مؤثر دولتی اشاره می‌کنند. برخی، کارگزاران وام‌های رهنی را مقصر می‌دانند، چراکه آن‌ها کسانی را به گرفتن وام تشویق می‌کردند که می‌دانستند از عهدهٔ بازپرداخت بدهی‌شان برنمی‌آیند. برخی دیگر، وام‌گیرندگان را مقصر اصلی معرفی می‌کنند و دلیل آن را عدم صداقت ایشان در دادن پاسخ درست به سئوالات تقاضانامه‌های وام می‌دانند. عده‌ای، ارزیاب‌ها را مسئول می‌دانند و ادعا می‌کنند که ارزیابی آن‌ها بر اساس قیمت‌های حبابی بود. جمعی، گناه را به گردن سرمایه‌گذاران وال استریت[1] می‌اندازند و می‌گویند که آن‌ها با نداشتن درک صحیح از میزان

---

۱. Wall Street، وال استریت نام خیابانی است در محلهٔ مانهاتان پایین در شهر نیویورک. در سال‌های پایانی قرن هجدهم، معاملات سهام زیر درخت چنار تنومندی در این خیابان انجام می‌شد. در سال ۱۷۹۲ با انعقاد قراردادی موسوم به Buttonwood Agreement بورس نیویورک در همان محل آغاز به کار کرد. اکنون وال استریت نماد هر چیز و هر کسی است که در ارتباط با بازارهای مالی قرار دارد. نقطهٔ مقابل وال استریت، مین استریت (Main Street) است که نماد بخش حقیقی اقتصاد است.

اعتبار اوراق بهادار با پشتوانهٔ رهن، این اوراق را می‌خریدند. عده‌ای هم به عوامل روان‌شناختی متوسل می‌شوند و منشأ بحران را خصلت‌هایی چون حرص و طمع یا بیماری واگیردار خوش‌بینی غیرواقع‌بینانه می‌دانند و....

در تبیین علل و عوامل بحران، خاستگاه فکری و شغلی تبیین‌کنندگان هم بی‌تأثیر نیست، هرچند که در این میان صاحب‌نظرانی چند با استقلال رأی نظرات خود را بیان کرده‌اند.

در این‌جا نظرات بیان شده درخصوص علل و عوامل بحران را به دو دسته، نظرات کارشناسی و نظرات مقامات مسئول تقسیم می‌کنیم. این تفکیک به معنای مقابلهٔ نظرات کارشناسی و نظرات مقامات مسئول نیست و هدف از آن قرار دادن فرصت مساوی در اختیار دست‌اندرکاران امر برای پاسخ‌گویی به انتقاداتی است که از آن‌ها شده است.

الف: نظرات کارشناسی

مقصود از نظرات کارشناسی، آرا و نظراتی است که اساتید فن، ناظران، و صاحب‌نظران بیان کرده‌اند. هر یک از این نظرات، از منظری بحران مورد بحث را ریشه‌یابی کرده که چکیدهٔ آن بدون درنظرگرفتن نحلهٔ فکری احتمالی گوینده نقل می‌شود.

۱. سیاست‌های غلط دولت

۱.۱. *قانون ناظر به پرداخت وام به قشرهای متوسط و ضعیف جامعه*

به نظر توماس دی لورنزو استاد اقتصاد لویال کالج[1] در مری‌لند، هزاران مورد نکول و ضبط رهن در رابطه با بازار وام‌های دون‌اعتبار مسکن، نتیجهٔ مستقیم سی سال سیاست دولت امریکاست که تحت لوای قانون

1. Loyal College

سرمایه‌گذاری مجدد جامعه[1] به اجرا درآمد. قانون مزبور که تصویب آن مرهون حمایت لابی چپ از حکومت کارتر بود، بانک‌ها را مکلف می‌کرد تا به قشرهای متوسط و ضعیف جامعه (موسوم به جوامع رنگین پوست[2]) وام پرداخت کنند. بانک‌ها اگر وام‌های تکلیفی را نمی‌پرداختند، جریمه می‌شدند و اگر هم به تکلیف عمل می‌کردند، طبیعتاً با نکول مواجه می‌شدند.

نظر فوق مخالفانی دارد که در زیر چکیدهٔ آن منعکس می‌شود:

ـ گناه بحران جاری را می‌توان به گردن حرص و آز، فقدان مقررات یا مقررات بی‌تأثیر، سوء مدیریت، قصور در ارزیابی ریسک، خوش‌بینی بی‌جا و... انداخت، ولی نمی‌توان قانون سرمایه‌گذاری مجدد جامعه را عامل اصلی آن قلمداد کرد. این قانون در سال ۱۹۷۷ به تصویب رسید، درحالی‌که ناهنجاری‌هایی چون زیرپاگذاشتن استانداردهای پذیره‌نویسی و گسترش محصولات مالی پرریسک، بعد از سال ۲۰۰۳ شیوع یافت. مقصر دانستن قانونی که در سال ۱۹۷۷ وضع شده برای چیزی که ۲۵ سال بعد اتفاق افتاده، انکار واقعیت‌ها است.[3]

ـ قانون سرمایه‌گذاری مجدد جامعه فقط بانک‌های سپرده‌پذیر منطقه‌ای را به پرداخت وام به قشرهای متوسط و ضعیف در حوزهٔ فعالیت خود[4] مکلف کرد. بنابراین، شرکت‌های رهنی مستقل مکلف به چنین کاری نبودند.

---

1. Community Reinvestment Act (CRA)
2. color communities
3. Ellen Seidman, "The Leader, No, Larry, CRA Didn't Cause the Subprime Mess", Joint Center for Housing Studies of Harvard University (15 April 2008).

۴. مقصود، منطقهٔ جغرافیایی‌ای است که بانک‌ها در آن قرار داشتند و سپرده قبول می‌کردند.

ـ موج جدید فعالیت‌های مربوط به قانون سرمایه‌گذاری مجدد جامعه که در اواسط دههٔ اخیر به راه افتاد، در سال ۲۰۰۱ فروکش کرد.

ـ در اواخر سال ۲۰۰۴ که حکومت بوش طرح اعمال محدودیت بر قانون سرمایه‌گذاری مجدد جامعه را به اجرا گذاشت و بانک‌های کوچک و متوسط را از حوزهٔ آن قانون خارج کرد، اعطای وام‌های دون‌اعتبار بیش از پیش افزایش یافت.

ـ بر اساس مطالعات دانشگاه میشیگان، نصف وام‌های دون‌اعتبار را مؤسسات وام و اعتباری پرداخت کردند که اصلاً ارتباطی با مؤسسات مالی موضوع قانون سرمایه‌گذاری مجدد جامعه ندارد. بین ۲۵ تا ۳۰ درصد از وام‌های مزبور را هم شرکت‌های وابسته و تابعهٔ بانک‌های مشمول قانون سرمایه‌گذاری مجدد جامعه پرداخت کردند که آن شرکت‌ها به اندازهٔ بانک‌های مادر خود ملزم به تبعیت از مقررات مربوط به وام‌های تکلیفی موضوع قانون یاد شده نبودند.

ـ وام‌های پرداختی مؤسسات مالی مشمول قانون سرمایه‌گذاری مجدد جامعه با کم‌ترین مشکل (نکول) مواجه بوده است.

ـ مطالعات فدرال رزرو، مرکز مشترک مطالعات مسکن هاروارد و... نشان می‌دهد که پرداخت وام به قشرهای متوسط و محروم جامعه موجب خانه‌دار شدن مستمندان شد، بدون آنکه سودآوری بانک‌ها را کاهش دهد.[1]

---

1. Robert Gordon, "Did Liberals Cause the Sub-Prime Crisis?", *The American Prospect* (7 April 2008).

طبق آمار دیگری، در سال‌های ۱۹۹۳ و ۱۹۹۸ و ۲۰۰۶ به ترتیب ۶۵ و ۶۳ و ۲۲/۷ در صد وام‌های موضوع CRA توسط مؤسسات مالی موظف پرداخت شده است. از سوی دیگر، این مؤسسات فقط ۱۱/۷ درصد از کل وام‌های دون‌اعتبار پرداختی در سال ۲۰۰۶ را پرداخت کرده‌اند. به عبارت دیگر، ۸۸/۳ وام‌های دون‌اعتبار در سال ۲۰۰۶ توسط مؤسسات غیر مشمول قانون مذکور پرداخت شده است.

۲.۱. سیاست پولی فدرال رزرو

به نظر برخی از صاحب نظران، تقصیر بحران جاری به طور عمده متوجه فدرال رزرو و آلن گرینسپان رئیس وقت آن است که با اتخاذ سیاست پولی انبساطی، یا به عبارت دیگر کاهش نرخ بهره، موجب تشویق بی‌بند و باری در وام دادن و وام گرفتن شد.[1]

پال دوگرا ضمن رد نظر گرینسپان مبنی بر این که «ما قادر به پیش‌بینی تمام گسست‌های بازارهای مالی در آینده نیستیم»[2]، به دو دلیل رئیس سابق فدرال رزرو را مسئول بحران معرفی می‌کند. یکی از این دو دلیل به سیاست پولی انبساطی فدرال رزرو مربوط می‌شود که به قول پال دوگرا، آن قدر طول کشید (از سال ۲۰۰۰ تا ۲۰۰۴) که موجب انبساط شدید اعتباری و افزایش زیاد نقدینگی و حباب مسکن شد.[3]

توماس دی لورنزو هم از سیاست پولی فدرال رزرو به‌عنوان یکی از دو علت بحران یاد می‌کند. به گفتهٔ او، مؤسسات مالی علاوه بر آن که قربانی قانون سرمایه‌گذاری مجدد جامعه (به شرح مندرج در بند یک فوق) بودند، سیاست‌های پولی فدرال رزرو هم به آن‌ها آسیب وارد کرد، چراکه آن‌ها مجبور بودند وام‌هایی پرداخت کنند که وصول شدنی به نظر

---

1. Mary S. Schranz, "Responses to "Alan Greenspan: A response to my critics"" *Financial Times* (6 April 2008) posted on April 7th, 2008.

۲. رئیس سابق فدرال رزرو نظر مورد اشاره در متن را طی مقاله‌ای در ***فایننشال تایمز*** با عنوان "We will never have a perfect model of risk" («ما هرگز مدل کاملی برای ریسک نخواهیم داشت»)، منتشر کرد.

3. Paul De Grauwe, "We will never have a perfect model of risk", [on-line] Available: http://blogs.ft.com/wolfforum/2008/03/we-will-never-have-a-perfect-model-of-risk. [Accessed 19 March 2008].

نمی‌رسید.[۱] رشد انفجاری قیمت مسکن که سیاست‌های فدرال رزرو به آن دامن زد، موجب شد تا هزاران هزار نفر از متقاضیان وام‌های دون‌اعتبار دیگر واجد شرایط دریافت وام‌های رهنی معمولی (وام‌های بهره ثابت) نباشند، چراکه پرداخت این نوع وام بر اساس میزان درآمد وام‌گیرنده است.[۲] تنها راه باقی مانده این بود که به آن‌ها وام رهنی با بهرهٔ متغیر پرداخت شود که نرخ بهرهٔ آن در آن زمان به‌طور شگفت‌انگیزی کم بود (حتی زیر ۳ درصد). این بود که وقتی نرخ بهره افزایش یافت، دریافت کنندگان وام‌های دون‌اعتبار نتوانستند از عهدهٔ پرداخت اقساط خود برآیند. به این دلیل می‌گوییم که قانون سرمایه‌گذاری مجدد جامعه و سیاست پولی فدرال رزرو بعد از واقعهٔ ۱۱سپتامبر موجب شکل‌گیری حباب مسکن و بحران اعتباری شد.[۳]

گفتنی است که اجرای سیاست پولی انبساطی که تا اواسط سال ۲۰۰۴ ادامه داشت، واکنش برخی از کارشناسان و متخصصان را نسبت به عواقب سوء آن برانگیخت. به‌عنوان مثال مجله **بیزینس ویک**[۴] با چاپ مقاله‌ای[۵] در شماره ۱۹ ژوئیهٔ ۲۰۰۴ خود، در مورد احتمال ترکیدن حباب مسکن هشدار داد. هرچند که این هشدار وقتی داده شد که یک ماه پیش

---

1. bad loan

۲. پرداخت وام‌های بهره‌ثابت تابعی از دو متغیر بود:
الف: میزان درآمد وام‌گیرندگان
ب: نسبت معین وام با ارزش موضوع وام دریافتی (ارزش واحد مسکونی که به دلیل گرفتن وام رهنی در رهن وام‌گیرنده قرار می‌گرفت.)
با افزایش شدید قیمت مسکن، نسبت متغیرهای مورد اشاره به هم خورد و خیلی از متقاضیان وام‌های بهره ثابت، دیگر واجد شرایط دریافت این نوع وام نبودند.

Thomas J. Dilorenzo, "The Government Created Subprime Mortgage Meltdown". [on-line] [Accessed 6 September 2007].

3. Available: www.lewrockwell.com 4. BusinessWeek

5. Is A Housing Bubble About To Burst?

از آن (ژوئن ۲۰۰۴)، فدرال رزرو سیاست پولی انقباضی اتخاذ کرده بود، لیکن تبعات منفی سیاست پولی انبساطی مورد نظر **بیزینس ویک**، دو سال بعد از انتشار مقالهٔ مزبور خود را نشان داد.

در زیر برگردان فرازهایی از آن مقاله درج می‌شود:

«نرخ بهره دارد بالا می‌رود. فدرال رزرو با کاهش حساب شدهٔ نرخ بهره به حباب مسکن دامن زد. افزایش نرخ بهره موجب کاهش توان مالی شهروندان برای خرید خانه با استفاده از وام رهنی می‌شود. اگر نرخ بهره ۱ درصد افزایش یابد، قیمت مسکن باید ۱۱ درصد کاهش یابد تا میزان اقساط وام در حد فعلی باقی بماند. قیمت مسکن نمی‌تواند برای همیشه سرعتی بیش از افزایش درآمد داشته باشد. طی ۴ سال گذشته چنین بوده است. اگر بازار مسکن رو به کسادی گذارد، اقتصاد از رونق باز می‌ایستد. مردم احساس می‌کنند که ثروت‌شان کم شده[1] و از خرج کردن سر باز می‌زنند.»

۱.۳. سست کردن استانداردهای پذیره‌نویسی

به نظر استان لیبوویتس استاد اقتصاد مدرسهٔ عالی بازرگانی دانشگاه تگزاس (دالاس) شاید افتضاح بزرگ بحران رهنی نتیجهٔ مستقیم

---

۱. از آن‌جا که خانهٔ ملکی مردم ثروت آن‌ها محسوب می‌شود، کاهش قیمت آن هم به همان اندازه از ثروت آن‌ها می‌کاهد.

در امریکا، کاهش ثروت، کاهش برخورداری از امکان خرید اعتباری و این نیز کاهش مصرف را در پی دارد. در مقالهٔ فوق‌الذکر از کاهش سالیانهٔ ۵ تا ۱۰ درصدی قیمت مسکن ظرف ۵ سال بعد از سال ۲۰۰۴ سخن به میان آمده که ایان موریس اقتصاددان امریکایی بانک انگلیسی HSBC پیش‌بینی کرده بود. کاهش مزبور می‌توانست از نیمهٔ دوم سال بعد (۲۰۰۵) به نصف شدن رشد اقتصادی امریکا منجر شود. این در حالی بود که طبق ادعای مقالهٔ مورد بحث، گرینسپان رئیس وقت فدرال رزرو، خطر حباب مسکن را دست کم گرفته و گفته بود که بازار مسکن، بازاری داخلی است. علاوه بر این، هزینهٔ سنگین خرید و فروش مسکن، حضور سفته‌بازان را در آن بازار کم‌رنگ می‌کند.

سست‌کردن عمدی استانداردهای پذیره‌نویسی وام‌های رهنی باشد که به‌رغم هشدارهای قبلی مبنی بر منجرشدن این ناهنجاری به نکول شدید، با توجیه پایان دادن به تبعیض (بین جوامع مختلف امریکا) صورت گرفت.

لیبوویتس ویژگی وام‌هایی را که کانون بحران به شمار می‌رفت، چنین برمی‌شمارد:

ـ فاقد استاندارد پذیره‌نویسی بود.

ـ درآمد یا دارایی وام‌گیرندگان راستی‌آزمایی نمی‌شد.

ـ نسبت به توانایی بازپرداخت متقاضیان وام بررسی چندانی صورت نمی‌گرفت.

ـ ۱۰۰ درصد قیمت مسکن توسط وام‌دهنده پرداخت می‌شد و سهم عهدهٔ وام‌گیرنده[1] صفر بود.

لیبوویتس عامل سست کردن استانداردها را مقامات مسئول مقررات‌گذاری می‌داند که به قول او با انگیزهٔ سیاسی دست به چنین اقدامی زدند.[2]

۲. مسئولیت‌گریزی[3]

قبلاً گفته شد که مؤسسات وام و اعتبار با مراجعه به واسطه‌های

---

1. down payment

2. Stan Liebowitz, "The Real Scandal", *New York Post* (5 February 2008).

۳. moral hazard، مسئولیت‌گریزی هرچند که صبغهٔ روان‌شناختی دارد، اصطلاحی اقتصادی و بیمه‌ای است که نشان می‌دهد انسان وقتی بیمه می‌شود یا به نحوی تحت حمایت قرار می‌گیرد، بی‌پروایی پیشه می‌کند. به‌عنوان مثال، رانندهٔ اتومبیلی که مجهز به کیسهٔ هوا و ترمز ضد قفل است، تندتر می‌راند یا وقتی مواد خوراکی بدون چربی عرضه می‌شود، آدم‌ها بیش از حالتی که آن مواد پرچرب است، می‌خورند.

گفتنی است که اصطلاح مزبور، کژمنشی، خطررفتاری، مخاطرهٔ اخلاقی، و... نیز ترجمه شده است که روی‌هم‌رفته، مسئولیت‌گریزی مناسب‌تر به نظر می‌رسد.

مالی[۱]، وام‌های رهنی پرداختی را به آن‌ها می‌فروختند و به این طریق به بازیافت منابع تخصیصی، مبادرت می‌ورزیدند. با این حساب، مؤسسات مزبور دیگر نگران نکول وام‌های پرداختی (پرداخت نشدن اقساط وام توسط وام‌گیرنده) نبودند. واسطه‌های یاد شده هم به نوبهٔ خود، وام‌های خریداری شده را تبدیل به اوراق بهادار می‌کردند و به سرمایه‌گذاران می‌فروختند. به این ترتیب آن‌ها نیز دیگر نگران وضعیت اوراق بهادار منتشرشده نبودند. خریداران اوراق بهادار با پشتوانهٔ رهن هم با مراجعه به مؤسسات مالی صادرکنندهٔ سواپ نکول اعتباری، خود را در برابر ریسک اعتباری (نکول احتمالی) اوراق بهادار با پشتوانهٔ رهن به نوعی بیمه می‌کردند و به خیال خود به این ترتیب از آسیب در امان می‌ماندند. و الخ....

هلدن لویس در مقاله‌ای با عنوان «چگونه مسئولیت‌گریزی به شکل‌گیری بحران رهنی کمک کرد»[۲] چنین می‌نگارد:

«در چند سال اخیر استانداردهای بازار رهن کیفیت خود را از دست داد، چراکه هر حلقه‌ای از زنجیر رهن، سود خود را برمی‌داشت و ریسک را به حلقهٔ دیگری منتقل می‌کرد. کارگزارها که از جیب خود وام نمی‌دادند، ریسک را به وام‌دهندگان واگذار می‌کردند. وام‌دهندگان هم وام‌های پرداختی را دسته‌بندی می‌کردند و آن را به بانک‌های سرمایه‌گذاری می‌فروختند و ریسک اعتباری را به گردن آن‌ها می‌انداختند. بانک‌های سرمایه‌گذاری هم با پشتوانهٔ وام‌های رهنی خریداری کرده، که برخی کم‌ریسک و برخی دیگر پرریسک بود، اوراق

---

۱. financial intermediary، به بانک‌های تجاری، بانک‌های پس‌انداز مشترک، اتحادیه‌های اعتباری و... می‌گویند که جریان وجوه را بین واحدهای دارای مازاد پس‌انداز و واحدهای دارای کمبود پس‌انداز تسهیل می‌کنند.

2. 'Moral hazard' helps shape mortgage mess

بهادار منتشر می‌کردند و آن را به سرمایه‌گذاران می‌فروختند. سرمایه‌گذاران هم اوراق خریداری کرده را بیمه می‌کردند و خود را از ریسک نکول دور نگه می‌داشتند. به این ترتیب، هرکدام از مشارکت کنندگان در این فرآیند (حلقه‌های‌زنجیر) به نفع خود می‌اندیشید و ریسک را به گردن دیگری می‌انداخت و فکر می‌کرد که به این طریق، از خود محافظت کرده و بقیه را به خطر انداخته است. این است معنا و مفهوم مسئولیت‌گریزی.»[1]

پروفسور بیل براون که زمانی از مدیران ارشد شرکت‌هایی چون ای.آی.جی، مورگان استانلی، و گلدمن زاکس بود، از زاویهٔ دیگری به مسئولیت‌گریزی می‌نگرد و ریشهٔ بحران را در آن سراغ می‌گیرد. به گفتهٔ او:

«ساختار شرکت‌ها طوری است که در دنیای ایده‌آل‌ها، مدیریت باید در جهت منافع سهامداران عمل کند. اما در دنیای واقعی می‌بینیم که سهامداران آن قدر تعدادشان زیاد است که نمی‌توانند کنترل معنی‌داری روی شرکت تحت تملک خود داشته باشند. این‌جاست که مدیریت با برخورداری از اختیار به نحوی عمل می‌کند که نفع او در آن است. این نفع‌طلبی شخصی مصداق بارز مسئولیت‌گریزی است که مخصوصاً وقتی در صنعت خدمات مالی مورد پیدا می‌کند، همچون سم مهلک می‌ماند، چراکه این صنعت خودتنظیم شده و خودتنظیمی در تضاد مستقیم با منفعت‌طلبی شخصی است.»[2]

شانه‌خالی‌کردن دست‌اندرکاران بازار از پذیرش هر گونه مسئولیتی در خصوص بحران مورد بحث و متهم کردن یکدیگر به نقش داشتن در این بحران، از دیگر مصادیق مسئولیت‌گریزی است. در این‌جا به‌عنوان

---

1. Holden Lewis, "'Moral hazard' helps shape mortgage mess". [on-line] Available: www.bankrate.com [Accessed 18 April 2007].

2. Bill Brown, "Uncle Sam as sugar daddy", *MarketWatch* (19 Nov 2008).

نمونه به یکی از این موارد اشاره می‌کنیم.

جان رابینس رئیس گروه تجاری صنعت بانکداری رهنی[۱]:

«درحالی‌که کارگزاران بازار وام‌های رهنی از رونق بازار سود می‌بردند، فکر این را نمی‌کردند که آیا وام‌گیرندگان قادر به بازپرداخت بدهی‌شان هستند یا نه. آنچه برای آن‌ها مهم است، تعداد وام‌هاست، نه خوب و بد آن. اصل، گرفتن کمیسیون است.»[۲]

در واکنش به اظهارات فوق، هاری دینهام رئیس انجمن کارگزاران وام‌های رهنی چنین گفت:

«رئیس گروه تجاری صنعت بانکداری رهنی کوشیده است تا وال استریت، بانک‌های خبرهٔ فدرال، سازمان‌های دولتی وام‌دهنده، و پذیره‌نویسان را از مسئولیت بحران مبرا سازد. اما جلسات استماع کنگره نشان داد که بیش‌تر وام‌های رهنی مسکونی به سرعت در بازار ثانویهٔ رهن به معرض فروش گذاشته شد. حقیقت امر این است که وام‌دهندگان فقط به این فکر بودند که معاملات را جوش دهند. آن‌ها از پذیرش این واقعیت یا بیم دارند یا خجالت می‌کشند.»[۳]

۳. سفته‌بازی

قبل از ایجاد رونق در بازار مسکن امریکا، سفته‌بازی عادت مألوفی بود که سفته‌بازان آن را در بازار سهام تجربه می‌کردند. ایجاد رونق در بازار مسکن و افزایش قیمت مستغلات در سال‌های میانی دههٔ جاری باعث سرایت سفته‌بازی به این بازار شد و نقش قابل توجهی در ایجاد بحران ایفا

---

1. Mortgage Banking Industry's Trade Group
2. Brokers, "Bankers play subprime blame game", *Associated Press* (22 May 2007).
3. *Ibid.*

کرد. افزایش قیمت مسکن و سفته‌بازی تا قبل از خروج سفته‌بازان از بازار مسکن در سال ۲۰۰۶ تأثیر متقابل بر هم داشت. طبق آمار، در سال ۲۰۰۵ تعداد خانه‌های خریداری شده به‌منظور سرمایه‌گذاری و گذراندن تعطیلات به ترتیب بالغ بر ۲۸ و ۱۲ درصد کل آمار خرید خانه‌های مسکونی بود که رکوردی در تاریخ بازار مسکن امریکا به شمار می‌رود. در این میان پدیدهٔ بخربفروشی[1] که معمولاً در بازار سهام رواج دارد، به بازار مسکن هم نفوذ کرد و در برخی از مراکز ایالات تا ۸۵ درصد معاملات مستغلات را به خود اختصاص داد.[2]

علاوه بر این، رواج سفته‌بازی در بازار مسکن و گسترش تقاضای غیرواقعی در آن، موجب اختلاف‌نظر بین فعالان و مشارکت کنندگان بازار مسکن و حتی اغوای بخش واقعی این بازار شد. به‌عنوان مثال، درحالی‌که در اواسط دههٔ جاری شواهد امر از حبابی‌شدن قیمت مسکن حکایت می‌کرد، رونق ساخت‌وساز در برخی ایالات امریکا نظیر فلوریدای جنوبی، سازنده‌ها را آن‌قدر امیدوار و خوش‌بین کرده بود که می‌پنداشتند تا آینده‌ای قابل تصور رکود به سراغ بازار نمی‌آید. از سوی دیگر، برخی از فعالان و مشارکت کنندگان بازار یاد شده چنین نمی‌اندیشیدند. اقدام یکی از بانک‌های بزرگ در تنزیل رتبهٔ اعتباری بزرگ‌ترین شرکت سازندهٔ مسکن در ایالت مزبور (فلوریدای جنوبی) به نام دبلیو.سی.آی[3] در اوایل سال ۲۰۰۵، یعنی درست همزمان با رونق ساخت‌وساز در آن ایالت، به دلیل «ترس از ترکیدن حباب مسکن و ناتوانی تعداد کثیری از خریداران از

---

1. flipping

2. "Miami's changing skyline: Boom or Bust?". [on-line] Available: www.Local 10.com/news [Accessed 11 March 2005].

3. WCI

انجام تعهدات خود»[1] حکایت از رویکرد دیگری می‌کرد که تحت تأثیر اغوای سفته‌بازان نبود.[2]

۴. عامل روان‌شناختی: شیوع مرض خوش‌بینی

روبرت شیلر استاد اقتصاد دانشگاه ییل شیوع مرض خوش‌بینی در جامعه را مهم‌ترین دلیل بحران جاری می‌داند. او چنین می‌گوید:

> وقتی قیمت‌ها رو به افزایش می‌گذارد مردم دچار مرض واگیری می‌شوند که همان خوش‌بینی به دور از واقع‌بینی است. حباب‌های سفته‌بازی وقتی شکل می‌گیرد که احساس رونق به آدم دست می‌دهد. در مطالعه‌ای که من و کارل کیس در سال ۲۰۰۵ انجام دادیم، مشاهده کردیم که خریداران خانه در فرانسیسکو انتظار داشتند که قیمت مسکن تا ده سال بعد به‌طور متوسط سالیانه ۱۴ درصد افزایش یابد. در چنین فضایی هر کس از دیگری الهام می‌گیرد و با حبابی‌شدن قیمت‌ها، کسانی که نسبت به افزایش قیمت‌ها تردید داشتند نیز به فکر فرو می‌روند و می‌پرسند مگر می‌شود همهٔ مردم اشتباه کنند؟ در بحران جاری هم دیدیم که وقتی حباب مسکن ایجاد شد، مسئولان بازار هم به جمع خوش‌بین‌ها پیوستند. سازنده‌ها مشغول ساخت‌وساز بودند. مؤسسات اعتبارسنجی به ارزیابی‌های رؤیایی خود ادامه می‌دادند. در اکتبر ۲۰۰۶، فرانک نوتفت اقتصاددان ارشد

1. *Ibid.*

۲. در این میان برخی‌ها هم در آن زمان با استناد به ماهیت نظام سرمایه‌داری که همواره در حال بازتولید چرخهٔ اوج و حضیض (boom-bust recurring cycle) است اعتقاد داشتند که دورهٔ رونق بازار مسکن دیر یا زود جای خود را به دورهٔ رکود و ایستایی می‌دهد.

فردی‌مک به من گفت که سازمان متبوعش مدلی را تهیه کرده که تأثیر کاهش قیمت مسکن تا ۱۳/۴ درصد برآورد شده است. به او گفتم اگر بیش از این افت کند چه می‌شود؟ گفت کاهش بیش از این امکان ندارد. به نظر می‌رسد او نمی‌تواند تصور کند که چنین چیزی امکان دارد، همان‌گونه که قیمت‌ها تاکنون تا ۱۵ درصد کاهش یافته است.»[1]

۵. فقدان یا ضعف نظارت

۵.۱. *ضعف نظارت فدرال رزرو*

برخی صاحب‌نظران ضعف فدرال رزرو را در اعمال نظارت لازم بر مؤسسات مالی و اعتباری عامل بحران می‌دانند. به‌زعم ایشان، ضعف نظارتی مورد اشاره باعث شد تا مؤسسات یاد شده با زیر پا گذاشتن هنجارها و اصول بانکی مبنی‌بر ضرورت توجه به ارتباط بین میزان اعتبار وام‌گیرنده، ریسک و نرخ بهره مبادرت به پرداخت وام‌های بسیار کم بهره به وام‌گیرندگان بی‌اعتبار کنند.

نقل خاطره‌ای از مایکل هودسون استاد ممتاز اقتصاد دانشگاه میسوری (کانزاس) مطلب را روشن‌تر می‌کند. نامبرده در نقدی به مقالهٔ آلن گرینسپان رئیس سابق فدرال رزرو در شمارهٔ ۱۷ مارس ۲۰۰۸ ***فایننشال تایمز*** تحت عنوان «ما هرگز مدل کاملی برای ریسک نخواهیم داشت»[2]، چنین می‌نگارد:

---

1. Robert J. Shiller, "Infectious Exuberance", *The Atlantic* (July-August 2008). گفتنی است که قیمت مسکن در سال ۲۰۰۶ به اوج رسید و از نیمهٔ دوم آن سال با ترکیدن حباب رو به کاهش گذاشت و تاکنون روی‌هم‌رفته حدود ۲۰ درصد افت کرده است. آمار متن مربوط به اواسط سال ۲۰۰۸ است.

2. We will never have a perfect model of risk

> شد و وظیفهٔ نظارتی آن به فدرال رزرو داده شد که هیچ‌گونه اعتقادی به تنظیم بازار نداشت و...[۱]

در نقدی دیگر به مقالهٔ رئیس سابق فدرال رزرو، پال دوگرا از «شانه خالی کردن فدرال رزرو از انجام مسئولیت خود مبنی بر نظارت و تنظیم مؤسسات مالی» به‌عنوان یکی از دو دلیل بحران نام می‌برد. او با طرح این سؤال که چرا این اتفاق افتاد؟ می‌گوید:

> دلیل اصلی آن، اعتقادات مذهبی[۲] آقای گرینسپان بود که می‌پنداشت بازار خوب عمل می‌کند و مداخلهٔ دولت در آن مضر و مخرب است.

به گفتهٔ دوگرا:

> در حالی که مؤسسات مالی با پذیرش ریسک (نقدینگی)، که فدرال رزرو دست آن‌ها را در این ریسک‌پذیری باز گذاشته بود، سودهای کلان می‌بردند، گرینسپان به کناری نشسته بود و از خلاقیت بازار انگشت حیرت به دهان گرفته بود. او در کتاب خود تحت عنوان **عصر تلاطم**[۳] چنین می‌نگارد: چرا ما از گرده‌افشانی زنبورهای وال‌استریت ممانعت می‌کنیم؟ مشکل این‌جاست که مؤسسات مالی وال‌استریت عمدتاً برای خود گرده‌افشانی می‌کنند.

جوزف استیگلیتز برندهٔ جایزهٔ نوبل اقتصاد در سال ۲۰۰۱ نیز انگشت

---

1. Michael Hudson, "Responses to "Alan Greenspan: A response to my critics" *Financial Times* (6 April 2008) posted on April 8th, 2008.

۲. به نظر می‌رسد که مقصود گوینده از اعتقادات مذهبی، گرایش ایدئولوژیک آلن گرینسپان است که در نحلهٔ فکری نئوکان‌ها ریشه دارد.

3. The Age of Turbulences

اتهام را متوجه آلن گرینسپان می‌کند و می‌گوید که او اصلا به اعمال مقررات اعتقادی نداشته و وقتی از افسارگسیختگی نظام مالی سخن به میان می‌آید، از خودانتظامی بازار می‌گوید. این مثل آن است که بگوییم جنایت قانونی یا احمق عاقل.[1]

۵.۲. *ضعف نظارت بر تبدیل دارایی‌ها به اوراق بهادار*[2]

همان‌گونه که در فصل اول توضیح دادیم، تبدیل دارایی‌ها به اوراق بهادار فرآیند سامان‌مندی است که به موجب آن، منافع وام یا سایر دریافتنی‌ها (مطالبات)، بسته بندی (اصطلاحاً تحت عنوان بسته مالی) و پذیره‌نویسی می‌شود و در قالب اوراق بهادار با پشتوانهٔ دارایی[3]، به فروش می‌رسد.

هرچند که به‌طورکلی از تبدیل دارایی‌ها به اوراق بهادار به‌عنوان یک نوآوری مالی یاد می‌شود، ولی استفادهٔ نادرست و نابهنجار از آن در جریان شکل‌گیری بحران جاری مورد انتقاد بسیاری از صاحب‌نظران و حتی دست‌اندرکارانی نظیر آلن گرینسپان، بوده است. بیش‌تر منتقدان

---

1. Stiglitz, Joseph, "How to Prevent the Next Wall Street Crisis". [on-line] Available: www.CNN Politics.com.

۲. برخی از اقتصاددانان تبدیل دارایی‌ها به اوراق بهادار را نه صرفاً یک فرآیند، بلکه یک پدیده می‌دانند که در ایجاد بحران مالی نقش داشته است. سیروس بینا استاد دانشگاه مینه سوتای امریکا از جملهٔ این اقتصاددانان است. او با «سرمایه‌گذاری پیشگیرانه» خواندن پدیدهٔ مزبور، واقعیت آن را دست به دست کردن هر چه بیش‌تر اعتبارات بدون محل تحت عناوین توخالی و فروش آن به سرمایه‌گذارها می‌داند. به گفتهٔ بینا دست به دست کردن سود آور سرمایه یا به عبارتی گردش سریع سرمایه بر مبنای ایجاد خلق‌الساعهٔ اعتبار موهوم بر اساس اعتبار موهوم، امنیت کل نظام مالی را به مخاطره انداخته است.

سیروس بینا، «سرایت بحران مالی آمریکا به بازارهای جهانی»، **سرمایه** (۱۶ مهر ۱۳۸۷)، ص ۱۱.

3. Asset-Backed Securities (ABS)

علت ناهنجاری‌های مورد اشاره را نبود نظارت کافی بر فرآیند انتشار اوراق بهادار با پشتوانهٔ وام‌های پرداختی مؤسسات بانی می‌دانند که در حوزهٔ مسئولیت فدرال رزرو است.[۱]

۶. مقررات زدایی

برخی از کارشناسان، قانون موسوم به گرام-لیچ-بلی[۲] که از نحلهٔ فکری نئولیبرالیسم الهام گرفته است را مسبب بحران جاری می‌دانند. به گفتهٔ آن‌ها با تصویب قانون مذکور که از آن به‌عنوان نقطهٔ عطف مقررات‌زدایی یاد می‌شود[۳]، حوزهٔ نظارت مقام ناظر بازار سرمایه (کمیسیون اوراق بهادار و بورس) به حداقل رسید و راه برای قانون‌گریزی هموار شد. به گفتهٔ ایشان، نحلهٔ یاد شده، مقررات‌زدایی را به معنای آزادی و رهایی از سلطهٔ دولت می‌داند. دلیل آن هم روشن است. برداشتن هر مانع و رادعی از جلوی پای جریان آزاد سرمایه، دست سرمایه‌گذاران و اعتباردهندگان را باز می‌گذارد تا پول خود را به هر نقطه‌ای از عالم که بخواهند منتقل کنند. واضح است که پول به آن‌جا می‌رود که سود، بازده، و عایدی سرمایه‌ای بیش‌تری در بر داشته باشد. این‌گونه است که بخش مالی بر

---

۱. یادآور می‌شود که در طول سال‌های رونق بازار مسکن و در غیاب نظارت لازم مقام ناظر (فدرال رزرو)، وام‌های رهنی با درجات اعتباری مختلف (از اعتبار ممتاز گرفته تا دون‌اعتبار) با هم مخلوط می‌شد و در یک بستهٔ مالی واحد جای می‌گرفت و به پشتوانهٔ آن، اوراق بهادار انتشار می‌یافت. مؤسسات اعتبارسنجی هم به این اوراق بالاترین درجهٔ اعتباری می‌دادند. به این ترتیب، دارایی مبنای این اوراق (دارایی‌ای که ارزش اوراق بهادار مزبور از آن ناشی می‌شود، چراکه خود آن اوراق فاقد ارزش ذاتی است) از وام‌های پرریسکی تشکیل می‌شد که بهادار بودن اوراق منتشر شده را مخدوش می‌کرد و در صورت تغییر شرایط مشکل‌ساز می‌شد.

2. Gramm-Leach-Blley Act

۳. در فصل دوم به پیشینه مقررات‌زدایی و تحولات ناظر به تصویب قانون مذکور در متن، پرداخته شده است.

اقتصاد جهانی مسلط شده، به‌گونه‌ای که سهم تجارت و سهم جریان سرمایه که در سال ۱۹۷۰ به ترتیب برابر با ۹۰ درصد و ۱۰ درصد بود، هم‌اینک معکوس شده است. رشد جریان سرمایه و غلبهٔ بخش مالی بر اقتصاد جهانی موجب رشد اعتبارات و ایجاد حباب اعتبارات و سپس حباب دارایی، سهام، اموال و... می‌شود. دسترسی آسان به اعتبار، مصرف‌کنندگان، شرکت‌ها و دولت‌ها را تشویق می‌کند تا بدهی‌های سنگین به بار آورند که در شرایط انقباضی به آن‌ها شدیداً فشار می‌آورد و دستشان را زیر سنگ می‌گذارد.[۱]

در پاسخ به مخالفان مقررات‌زدایی و قانون ناظر به آن، موافقان مقررات‌زدایی نه تنها بحران‌زا بودن آن قانون (گرام-لیچ-بلی) را رد می‌کنند، بلکه به اعتقاد آن‌ها قانون مذکور موجب تنوع مالی شده و راه را برای ادغام شرکت‌ها هموار ساخته است. تیلر کاون با نام بردن از سیتی گروپ، شرایتون، پریمریکا به‌عنوان شرکت‌هایی که توفیق آن‌ها مرهون قانون گرام-لیچ-بلی است، چنین می‌گوید:

> همین قانون بود که به جی پی مورگان امکان داد تا بیر اشترنز را خریداری کند یا مریل لینچ را در بانک آو امریکا ادغام نماید.... در زمان بحران، مقررات‌زدایی بیش از آن که بد باشد، خوب است.[۲]

آلن گرینسپان هم معتقد نیست که مقررات‌زدایی موجب بحران جاری شده است. به گفتهٔ او:

---

1. Ann Pettifor and Janet Bush, *Real World Economic Outlook: the Legacy of Globalization* (New York: Palgrave MacMillan, 2003), p 14-15.
2. Tyler Cowen, "Did the Gramm-Leach-Bliey Act cause the housing bubble?", *Marginal Revolution* (19 September 2008).

فقدان مقررات، ایجاد مشکل نکرده است. آنچه ایجاد مشکل کرده، توقعات بی‌جا از مقام مقررات‌گذار است که از او انتظار دارند هر چیزی را پیش‌بینی کند یا جلوی هر چیزی را بگیرد. آیا وضع و اعمال مقررات سفت و سخت در رابطه با وام‌های دون‌اعتبار می‌توانست جلوی برخی اقدامات غیرقابل‌گذشت و شاید جنایت‌کارانهٔ وام‌دهندگان را بگیرد؟ شاید! اما حتی با مراقبت‌های موشکافانه هم می‌توانست بحرانی بزرگ‌تر به‌وجود آید.[1]

۷. اهرمی‌شدن خارج از حد

همان‌گونه که در فصل اول تحت عنوان «اهرم» گفته شد، نسبت بین بدهی‌های بلندمدت شرکت‌ها و حقوق صاحبان سهام آن را «اهرم مالی» می‌گویند. هر چقدر بدهی بلندمدت یک شرکت بیش‌تر باشد، اتکای آن به وام بیش‌تر است. در این صورت گفته می‌شود که آن شرکت اهرمی‌تر است.

در سطح کلان هم رابطهٔ بین بخش مالی و بخش تولیدی اقتصاد، به ترتیب بخش غیرحقیقی و بخش حقیقی اقتصاد، را نسبت اهرمی می‌گویند. در حال حاضر گفته می‌شود که این نسبت در امریکا به‌عنوان بزرگ‌ترین اقتصاد جهان ۶۰ به ۱ است. یعنی، بخش غیرحقیقی اقتصاد امریکا ۶۰ برابر بخش حقیقی آن است.[2]

در جریان شکل‌گیری حباب مسکن در امریکا، بانک‌های سرمایه‌گذاری

---

1. Alan Greenspan, "A response to my critics". *Financial Times* [on-line] Available: http://blogs.ft.com/wolfforum/2008/04/alan-greenspan-a-response-to-my-critics. [Accessed 6 April 2008].
2. Chris Laird, "What just happened with AIG and what this means for you", [on-line] Available: www.kitco.com [Accessed 17 Sep 2008].

با گرفتن وام از بازار پول یا سایر منابع، آن را در اوراق بهادار با پشتوانهٔ رهن سرمایه‌گذاری می‌کردند. اگر نرخ بهرهٔ وام دریافتی را ۵ درصد و نرخ سود سرمایه‌گذاری در اوراق یاد شده را ۸ درصد بگیریم، مابه التفاوت ۳ درصدی مزبور برای وام‌گیرنده انگیزه ایجاد می‌کرد که تا آن‌جا که ممکن بود از طریق استقراض در آن اوراق سرمایه‌گذاری کند. این نوع سرمایه‌گذاری که اهرمی است تا زمان رونق بازار مسکن (۲۰۰۶) ادامه داشت و چون اوراق بهادار با پشتوانهٔ رهن در آن هنگام از اعتبار لازم برخوردار بود، مطمئن می‌نمود. علاوه بر این، بانک‌های سرمایه‌گذاری با استفاده از امتیازی که نسبت به بانک‌های تجاری از حیث اصل کفایت سرمایه داشتند[۱]، تا آن‌جا که توانستند اهرمی شدند[۲]، به‌طوری‌که تا ۳۰ برابر ارزش ویژهٔ[۳] خود بدهی ایجاد کردند.[۴] افزایش نکول وام‌ها و ضبط خانه‌های در رهن در سال‌های ۲۰۰۷ و ۲۰۰۸، ارزش اوراق بهادار با پشتوانهٔ رهن را به‌شدت کاهش داد و به بانک‌های سرمایه‌گذاری که به‌شدت اهرمی شده بودند، ضرر مضاعف وارد کرد و خیلی از آن‌ها را به ورشکستگی کشاند یا به ادغام در سایر مؤسسات مالی واداشت.[۵]

---

۱. بانک‌های سرمایه‌گذاری برخلاف بانک‌های تجاری چندان مشمول محدودیت موضوع اصل کفایت سرمایه نیستند. همان‌طور که قبلاً توضیح داده شد، به موجب اصل مزبور، بانک‌های تجاری می‌توانند تا حد معینی بیش از سرمایهٔ خود (فعلاً حدود ۱۲ برابر) وام دهند. به عبارت دیگر، اصل کفایت سرمایه موجب محدود شدن نسبت اهرمی می‌شود.

۲. آن‌ها که از مقررات‌زدایی به‌عنوان مسبب اصلی بحران یاد می‌کنند، اهرمی‌شدن بانک‌های سرمایه‌گذاری را نتیجهٔ مقررات‌زدایی می‌دانند.

۳. net worth، «ارزش ویژه» یا «حقوق صاحبان سهام» به مجموع دارایی‌های شرکت‌ها و مجموع بدهی‌های آن‌ها یا به عبارت دیگر، دارایی‌ها منهای بدهی‌ها می‌گویند.

۴. فردی‌مک در آن روزها تا ۹۰ برابر ارزش خالص خود بدهی ایجاد کرد (نسبت اهرمی ۹۰ به ۱).

5. subprime mortgage crisis (2008). [on-line] Available: http://en.wikipedia.org/wiki/Main_Page.

۸. وام‌های دون‌اعتبار

اعطای وام‌های دون‌اعتبار به شرحی که گذشت، بیش‌ترین انتقادات را متوجه خود کرده و بسیاری از صاحب‌نظران از آن به‌عنوان مهم‌ترین عامل بحران یاد می‌کنند. شاید از این روست که بحران جاری قبل از هر چیز به بحران وام‌های دون‌اعتبار معروف شده است.

در مورد انگیزهٔ پرداخت وام‌های دون‌اعتبار بین صاحب‌نظرانی که از آن به‌عنوان مهم‌ترین عامل بحران یاد می‌کنند، اختلاف نظر وجود دارد. برخی‌ها معتقدند که انگیزهٔ سودجویی دخیل بوده است، در حالی که برخی دیگر، از انگیزه‌های سیاسی سخن می‌گویند.

به عقیدهٔ دستهٔ نخست، در زمانی که قیمت مسکن در حال افزایش و تبدیل‌شدن به حباب بود، برخی مؤسسات وام و اعتبار با سهل‌گیری‌های بی‌حساب و به‌منظور کسب سود هر چه بیش‌تر، مبادرت به پرداخت این نوع وام کردند. دستهٔ دیگر، پرداخت وام‌های دون‌اعتبار را در راستای اجرای قانون سرمایه‌گذاری مجدد جامعه می‌دانند که به نظر آن‌ها انگیزه‌های سیاسی داشت.

۹. دلایل سیاسی

برخی از کارشناسان وقوع بحران مورد بحث را به دلایل سیاسی می‌دانند. کریستوفر والن از آن‌جمله است. وی در پاسخ به اظهارات آلن گرینسپان چنین می‌گوید:

> ما می‌توانیم اعطای وام‌های دون‌اعتبار را به‌عنوان عامل بحران معرفی کنیم، ولی به‌همان‌اندازه هم باید کنگره را مقصر بدانیم که از سیاست تنظیم مالی در جهت خلق پول و پیروزی انتخاباتی استفاده کرد و...[۱]

---

1. Christopher Whalen, "Responses to "Alan Greenspan: A response to my critics"", *Financial Times* (6 April 2008) posted on 7 April 2008.

۱۰. ماهیت نظام سرمایه‌داری

به‌طورکلی، عده‌ای از اقتصاددانان و صاحب‌نظران وقوع هر نوع بحران اقتصادی را به ماهیت نظام سرمایه‌داری نسبت می‌دهند. یکی از معروف‌ترین این اقتصاددانان، هایمن مینسکی (۱۹۹۶–۱۹۱۹) است که هرچند بیش از یک دهه قبل از وقوع بحران جاری رخت از این عالم بربست، لیکن به قولی در زمان حیات خود، وقوع بحران‌هایی از جنس بحران جاری را پیش‌بینی کرده بود. مینسکی برخلاف آن دسته از اندیشمندان اقتصادی که ادوار تجاری رونق– رکود را نتیجهٔ شوک‌هایی می‌دانند که از بیرون به اقتصاد وارد می‌شود، معتقد است که حتی اگر چنین شوک‌هایی هم وارد نشود، اقتصاد سرمایه‌داری چون از درون میل به بی‌ثباتی دارد، به سمت بحران‌های حاد اقتصادی کشیده می‌شود. به گفتهٔ این اقتصاددان پساکینزی[1]، انباشت بدهی[2] عامل گرایش اقتصاد سرمایه‌داری به‌سوی بحران است.

مینسکی به منظور اثبات نظرات خود چنین استدلال می‌کند:

> در دورهٔ خوش اقتصاد، کسب‌وکار در بخش‌های پرسود پاداش خود را با افزایش میزان بدهی‌ها می‌گیرد. یعنی با استقراض بیش‌تر سود بیش‌تری به‌دست می‌آید. کسب سود بیش‌تر، سایر کارآفرین‌ها را هم جذب و تشویق به افزایش بدهی می‌کند. کارکرد خوب اقتصاد و بهبود وضعیت مالی وام‌گیرندگان، وام‌دهندگان را به اعطای وام‌های بیش‌تر ترغیب می‌کند. با گذشت زمان، افزایش انباشت بدهی به جایی می‌رسد که از توانایی بازپرداخت وام‌گیرندگان بیش‌تر است. در این مرحله است که زمینه برای فرورفتن اقتصاد به رکود فراهم می‌شود.[3]

---

1. Post-Keynesian
2. debt accumulation
3. Hyman P. Minsky, "The Financial Instability Hypothesis," working paper no. 74. May 1992, The Jerome Levy Economics Institute of Bard College. [on-line] Available: http://www.levy.org/pubs/wp74.pdf [Accessed May 1992].

مِینسکی وام‌دهندگان را به سه دسته تقسیم می‌کند:

۱. بدهکاران تأمینی: این دسته از بدهکاران می‌توانند بدهی خود را از محل گردش نقدی فعالیت‌های تجاری‌شان بازپرداخت کنند.

۲. سفته‌بازها: سفته‌بازها قادر به پرداخت بهرهٔ بدهی‌شان هستند ولی برای بازپرداخت اصل آن، دائماً به گرفتن وام دیگری متوسل می‌شوند.

۳. وام‌گیرندگان پونزی[۱]: این دسته از وام‌گیرندگان که ماجرای چارلز پونزی را تداعی می‌کنند، نه قادر به بازپرداخت اصل وام دریافتی هستند و نه می‌توانند بهرهٔ آن را پرداخت کنند. وام‌گیرندگان پونزی چشم به افزایش ارزش دارایی‌هایشان می‌دوزند تا بتوانند به این طریق بدهی خود را از محل افزایش مزبور تأمین مالی کنند.[۲]

اقتصاددان یاد شده معتقد بود که ساختار مالی اقتصاد سرمایه‌داری طوری است که در دورهٔ رونق، بیش‌تر شکننده می‌شود و هر چقدر این دوره طولانی‌تر باشد، بر شکنندگی آن بیش‌تر افزوده می‌شود. طولانی شدن این دورهٔ خوش اقتصادی، ساختار مالی را از بدهکاران تأمینی به بدهکاران سفته‌باز و آن‌گاه بدهکاران پونزی سوق می‌دهد.[۳]

چارلز والن در تبیین بحران جاری با الهام از نظرات هایمن مینسکی چنین می‌گوید:

در دورهٔ رونق، واسطه‌های مالی (به قول مینسکی، تاجران بدهی[۴])

---

1. ponzi borrower

۲. مقصود تأمین مالی بدهی قبلی با بدهی جدید است. به عبارت دیگر، وام‌گیرنده با تهیهٔ وام جدیدی، وامی را که قبلاً گرفته و صرف خرید دارایی کرده است، بازپرداخت می‌کند. گفتنی است که وام‌گیرندهٔ مزبور فقط وقتی می‌تواند وام دیگری دریافت کند که ارزش دارایی او که از محل وام نخست خریداری شده، افزایش یابد.

3. *Ibid.*

4. merchants of debts

سعی می‌کنند تا از طریق نوآوری‌های پیچیدهٔ مالی، سرمایه‌گذاران را برای خرید بدهی اغوا کنند. در مسابقهٔ کسب سود حداکثری، بازیگران بازارهای مالی بر آن می‌شوند تا پول‌های خود را در سرمایه‌گذاری‌هایی صرف کنند که نظیر اوراق بهادار با پشتوانهٔ وام‌های دون‌اعتبار سست‌بنیان است. آنچه این سرمایه‌گذاری‌ها را جذاب‌تر می‌کند، همانا بسته بندی‌های[۱] پیچیده و بازدهی نسبتاً بالای آن است. اما وقتی شرایط اقتصادی تغییر کرد، ماهیت واقعی وام‌گیرندگان[۲] رو می‌شود و بحران خود را نشان می‌دهد. وام‌دهندگان عرضهٔ پول را کاهش می‌دهند و وام‌گیرندگان به سمت ورشکستگی می‌روند، چرا که آن‌ها دیگر نمی‌توانند بدهی‌های خود را با گرفتن وام‌های جدید بازپرداخت کنند. این‌جاست که بحران مالی پا به عرصهٔ وجود می‌گذارد.[۳]

ب: نظرات مقامات مسئول

در این قسمت اظهارات چند تن از مسئولان گذشته و حال امریکا در حوزه‌های پول و سرمایه منعکس می‌شود تا به‌طورمستقیم به نظرات، توجیهات، دلایل و دفاعیات آن‌ها آشنا شویم.

---

۱. مقصود بسته‌های مالی است که قبلاً توضیح داده شد.

۲. مقصود از وام‌گیرندگان همان واسطه‌های مالی است که با انتشار اوراق بهادار با پشتوانهٔ دارایی (در اینجا وام‌های دون‌اعتبار) دست به استقراض می‌زدند. وام‌دهندگان هم کسانی بودند که در آن اوراق سرمایه‌گذاری می‌کردند. ماجرای چارلز پونزی در این‌جا تداعی می‌شود.

3. Frank Shostak, "Does the Current Financial Crisis Vindicate the Economics of Hyman Minsky?", 2007 [on-line] Available: http://mises.org/story/2787.

۱. رئیس سابق فدرال رزرو

آلن گرینسپان رئیس کل سابق بانک مرکزی امریکا که نزدیک به نوزده سال (از سال ۱۹۸۷ تا ۲۰۰۶) بر این مسند تکیه زده بود بیش‌تر از هرکس دیگری در معرض ایراد و انتقاد قرار گرفته است. دورهٔ طولانی زمامداری گرینسپان بر فدرال رزرو، گرایش‌های فکری و شاید ایدئولوژیکی وی و نقش بارزی که در مورد مقررات‌زدایی (به شرح تفصیلی در فصل ۲) ایفا کرد، این انتقادات را توجیه می‌کند.

گرینسپان از زمان وقوع بحران تاکنون با انجام چند مصاحبه و شرکت در جلسهٔ پرسش‌وپاسخ کنگره اظهاراتی کرده که حول محورهای زیر بوده است:

ـ دفاع از وام‌های دون‌اعتبار و انتقاد از تبدیل آن به اوراق بهادار

به نظر رئیس سابق فدرال رزرو آنچه باعث بحران اعتباری شد، نه وام‌های پرداختی به افراد مستمند، بلکه انتشار اوراق بهادار به پشتوانهٔ آن بود، چراکه وام‌های مزبور از اعتبار لازم برخوردار نبود تا بتواند پشتوانهٔ اوراق بهادار قرار گیرد. به اعتقاد گرینسپان، اگر وام‌های دون‌اعتبار تبدیل به اوراق بهادار نمی‌شد، تعداد نکول‌ها خیلی کم‌تر می‌بود.

ـ «وام‌های دون‌اعتبار پرریسک بوده و هست، اما ارزش ریسک را دارد. بهتر است که ما طبقهٔ صاحب‌مال بزرگ‌تری داشته باشیم که دارای منافع مقرره در نظام است.»[1]

ـ انتقاد از مؤسسات اعتبارسنجی[2] به خاطر برخوردار کردن اوراق

۱. اظهارات فوق می‌تواند متأثر از انگیزه‌های سیاسی باشد، چراکه اگر قشرهای بیش‌تری از مردم امریکا صاحب خانه شوند موجب چسبندگی آن‌ها به نظام آن کشور می‌شود. دفاع گرینسپان از اعطای وام‌های دون‌اعتبار به قشرهای پایین جامعه در این راستا می‌تواند تبیین شود.

2. rating agencies

بهادار با پشتوانهٔ وام‌های دون‌اعتبار از بالاترین درجهٔ اعتباری.

یادآور می‌شویم که در زمان قبل از بحران، برخی از مؤسسات اعتبارسنجی به بسته‌های وام که ترکیبی از انواع وام‌ها به لحاظ اعتبار (اعم از ممتاز تا دون‌اعتبار) بود، درجهٔ اعتباری عالی می‌دادند. در پی وقوع بحران چون امکان تقویم بسته‌های مالی مزبور وجود نداشت، دارندگان اوراق بهادار با پشتوانهٔ وام‌های دون‌اعتبار برای فروش آن با مشکل مواجه شدند.

ـ دفاع از نقش فدرال رزرو و مقامات تنظیم‌کنندهٔ بازار و طرح این ادعا که آن‌ها برای مقابله با اعمال غیرقانونی و مجرمانه از اختیار لازم برخوردار نبودند.[1]

رئیس سابق بانک مرکزی امریکا در جلسهٔ پرسش و پاسخ کنگره در روز ۲۳ اکتبر ۲۰۰۸ مطالب مشروحی بیان کرد که چند نکته از آن نقل می‌شود:

> خودم را مقصر بحران نمی‌دانم. اما قبول می‌کنم که اعتقاد من مبنی بر این که بانک‌ها آنچه را که مصلحت می‌دانند برای منافع سهام‌دارانشان انجام می‌دهند و در برابر هرج ومرج بازارهای مالی، خود ایمن هستند، غلط بوده است.
>
> بحران جاری را می‌توان ناشی از یک سونامی اعتباری دانست که هر ۱۰۰ سال یک‌بار اتفاق می‌افتد و کارکرد نظام بازار آزاد را به هم می‌ریزد.
>
> قبلاً این گزاره را که رونق ۵ سالهٔ بخش مسکن به حباب سفته‌بازی ناپایدار تبدیل می‌شود و وقتی که حباب می‌ترکد، به اقتصاد لطمه می‌زند، رد می‌کردم. حال به اشتباه خود در این مورد پی برده‌ام.
>
> بحران مالی جاری خیلی بیش از آنچه فکر می‌کردم گسترش یافت.

1. "Greenspan sees signs of credit crisis easing", *Associated Press* (2 Oct 2007).

> اگر برای جلوگیری از وقوع بحران مقررات‌گذاری می‌کردیم، آهنگ رشد اقتصادی امریکا کند می‌شد.

ازگرینسپان سؤال شد «شما که معتقد بودید در مورد ابزارهای مشتقه نباید هیچ نوع مقرراتی وضع شود، حالا چه نظری دارید؟» او پاسخ داد:

> به جز سواپ نکول اعتباری، دیگر ابزارهای مشتقه مشکلی ایجاد نکرد. وقتی که رئیس فدرال رزرو بودم، به خاطر اجابت درخواست کنگره، از مقررات‌گذاری بازار سواپ نکول اعتباری امتناع ورزیدم.

به گفتهٔ سکاندار سابق سیاست پولی امریکا، رونق بازار وام‌های دون‌اعتبار به این دلیل بود که تقاضای خیلی زیادی برای فرصت‌های سرمایه‌گذاری در اقتصاد جهانی به وجود آورد. گرینسپان مسئولیت سقوط بازار را متوجه سرمایه‌گذاران دانست و گفت:

> آن‌ها از ضعف اعتباری وام‌گیرندگان وام‌های دون‌اعتبار، ارزیابی درستی نداشتند.

رئیس سابق فدرال رزرو قبلاً نیز مطالبی بیان داشته بود که از این حکایت می‌کرد که او تا اواخر ۲۰۰۵ و اوایل ۲۰۰۶ به وجود حباب در بازار مسکن پی‌نبرده بود. وی در عین حال اذعان کرد که از آسیب‌پذیری وام‌گیرندگان وام‌های دون‌اعتبار بهرهٔ متغیر در برابر افزایش نرخ بهره آگاه بوده، هرچند که تا اواخر ۲۰۰۵ فکر نمی‌کرده که تا این حد مشکل‌آفرین است.[1]

آلن گرینسپان در دومین جلسهٔ پرسش و پاسخ کنگره که در روز ۲۴ اکتبر ۲۰۰۸ برگزار شد ضمن تکرار برخی از مطالب جلسهٔ روز قبل، یکی دو نکتهٔ جدید اظهار کرد که در زیر نقل می‌شود:

---

1. "Greenspan says didn't see subprime storm brewing", *Reuters* (13 Sep 2007).

دو دهۀ گذشته که دوران سرخوشی[1] بود، مشارکت کنندگان بازارهای مالی را به قیمت‌گذاری کاذب اوراق بهادار تشویق کرد. این که می‌پنداشتم مؤسسات وام‌دهنده بر وام‌گیرندگان نظارت صحیحی اعمال می‌کنند، نادرست بوده است. چهل سال تجربۀ من از این پندار حکایت می‌کرد، اما کل این بنای فکری در تابستان سال گذشته (تابستان ۲۰۰۷) فروریخت.[2]

گفتنی است که هنری واکسمان[3] از حزب دموکرات که ریاست جلسۀ مزبور را به عهده داشت، فدرال رزرو را به جلوگیری نکردن از اقدامات غیرمحتاطانه مؤسسات وام‌دهنده متهم کرد. او با بیان این‌که خزانه‌داری با نظارت مسئولانه بر مشتقه‌های مالی مخالفت ورزیده، اتهام مشابهی را متوجه نهاد مذکور کرد. واکسمان هم چنین کمیسیون اوراق بهادار و بورس را متهم کرد که به مؤسسات رتبه‌سنجی اعتبار اجازه داده تا بر پایۀ استانداردهای سست‌بنیان فعالیت کنند.

در جلسۀ یاد شده تام دیویس[4] نمایندۀ جمهوری‌خواه کنگره با به چالش کشیدن نظرات واکسمان چنین اظهار کرد:

> مقررات‌زدایی به بحران دامن نزد. آنچه که موجب بحران شد عدم مطابقت مقررات تنظیم‌کننده و مقامات تنظیم‌کننده بود. این دو از درک واقعیت درهم‌تنیدگی روزافزون بازارهای مالی جهانی عاجزند.

آلن گرینسپان در پاسخ به منتقدان با مقاله‌ای که قبلاً تحت عنوان «ما

---

1. period of euphoria
2. Alan Beattie, James Politi. Greenspan admits to 'flaw' in ideology. [on-line] Available: www.washington.ft.com/UK. [Accessed 24 October 2008].
3. Henry Waxman
4. Tom Davis

هرگز مدل کاملی برای ریسک نخواهیم داشت»[۱] نگاشته بود، چنین می‌گوید:

«کانون اصلی بحران وام‌های دون‌اعتبار را باید در ارزیابی سوء جامعهٔ سرمایه‌گذاری جست‌وجو کرد. وام‌های دون‌اعتبار تا سال ۲۰۰۵ در وضعیت مناسبی قرار داشت. همان‌گونه‌که برنانکه (رئیس فعلی فدرال رزرو) گفت، از اواخر سال ۲۰۰۵ تخریب استانداردهای پذیره‌نویسی آثار خود را آشکار کرد. تبدیل وام‌های دون‌اعتبار به اوراق بهادار رشدی انفجاری داشت، چراکه اوراق بهادار با پشتوانهٔ رهن زیر قیمت بود. نکول و ضبط رهن در آن موقع چندان زیاد نبود. سرمایه‌گذاران به ناشران اوراق بهادار فشار می‌آوردند تا اوراق بهادار با پشتوانهٔ رهن بیش‌تری منتشر کنند. ناشران هم به نوبهٔ خود به وام‌دهندگان فشار می‌آوردند تا وام‌های پرداختی را به آن‌ها بفروشند، بدون آن که نگران کیفیت آن باشند. در نتیجه، استانداردهای پذیره‌نویسی کیفیت خود را از دست داد و اعطای وام‌های رهنی به حدی افزایش یافت که اگر این وام‌ها تبدیل به اوراق بهادار نمی‌شد، تا این حد افزایش نمی‌یافت. با این وضعیت، حتی اگر اقتدار کامل برای مداخلهٔ مقام پولی وجود می‌داشت او نمی‌توانست جلوی بحران را بگیرد.

... وقتی ارزیابی جامعهٔ سرمایه‌گذاری به کژراهه می‌رود، حتی نوآوری‌های مالی باارزش مانند تبدیل دارایی‌ها به اوراق بهادار هم نمی‌تواند خوب عمل کند.»[۲]

---

1. we will never have a perfect model of risk
2. Alan Greenspan, "A response to my critics". *Financial Times* [on-line] Available: http://blogs.ft.com/wolfforum/2008/04/alan-greenspan-a-response-to-my-critics. [Accessed 6 April 2008].

۲. رئیس فعلی فدرال رزرو

در پی وقوع بحران، بن برنانکه رئیس فدرال رزرو امریکا مطالبی اظهار کرد که در زیر به چکیده‌ای از آن اشاره می‌کنیم. لازم به یادآوری است که نامبرده از سال ۲۰۰۶ عهده‌دار این مسئولیت است و برخلاف سلف خود، آلن گرینسپان، که در معرض انتقادات زیادی قرار دارد، از وی انتقاد چندانی درخصوص بحران مورد نظر به‌عمل نیامده است. اظهارات برنانکه در مورد بحران بیش‌تر بر محور تشریح صورت مسئله به زبانی فنی متمرکز است.

ـ اقتصاد امریکا در سال ۲۰۰۱ رکود ملایمی را تجربه می‌کرد. با اعمال و تداوم سیاست پولی انقباضی، نرخ بهره‌وری منابع افزایش و نرخ بیکاری از ۶/۳ به ۴/۴ درصد کاهش یافت. با نزدیک شدن به اشتغال کامل، کمیتهٔ بازار باز فدرال (بازوی سیاست‌گذاری فدرال رزرو) با مشکل مدیریت کندی آهنگ رشد میان‌دوری[1] یعنی سیاست‌گذاری برای هدایت اقتصاد به سمت رشد پایدار بدون تورم مواجه شد. از آن زمان (اواسط ۲۰۰۴)، فدرال رزرو شروع به افزایش نرخ بهره کرد و نرخ ۵/۲۵ درصد را هدف گرفت.

ـ اقتصاد تا سال ۲۰۰۷ خوب عمل کرد. اما آنچه بیش از هر چیز دیگری چالش ایجاد کرد، تصحیح قیمت‌ها در بازار مسکن بود که چند سال رونق را تجربه کرده بود. از اوایل سال ۲۰۰۷ بازار مسکن با عدم بازپرداخت وام‌ها مواجه شده بود. پذیره‌نویسی ضعیف و در برخی موارد کلاهبرداری و سوء استفاده به‌خصوص در بازار وام‌های دون‌اعتبار، علت آن بود. اما کلاهبرداری و سوء استفاده، علت اصلی به‌هم‌ریختگی بازار و افت کیفیت اعتبارات نبود. علت اصلی، گزارهٔ غلطی بود که از تداوم افزایش شدید قیمت مسکن حکایت می‌کرد و همین امر موجب ترغیب بانک‌ها به پرداخت وام‌های دون‌اعتبار می‌شد.

---

1. mid-cycle slowdown

ـ اعطای بیش از پیش وام‌های دون‌اعتبار موجب افزایش تقاضای مؤثر مسکن شد. قیمت‌ها را بالا برد و محرک فعالیت‌های خانه‌سازی شد. وقتی این منبع تقاضای مؤثر از دور خارج شد، بازار مسکن روند نزولی در پیش گرفت و ساخت‌وساز جدید به‌شدت کاهش یافت.

ـ وقتی که نرخ افزایش قیمت مسکن دو رقمی بود، وام‌گیرندگان وام‌های دون‌اعتبار بهره‌متغیر شاهد افزایش قیمت خانه‌های خود بودند و وقتی قیمت آن به حد معینی می‌رسید، آن‌ها می‌توانستند با گرفتن وام دوم، وام اول را بازپرداخت کنند.[۱] اما وقتی تقاضا برای مسکن کاهش یافت و در نتیجه قیمت آن پایین آمد، وام‌گیرندگان دیگر نمی‌توانستند برای گرفتن وام دوم به افزایش قیمت خانه‌هایشان دل ببندند. البته، مسأله به این‌جا ختم نشد. خیلی از وام‌گیرندگان حتی نتوانستند با همان نرخ‌های اولیه که بسیار پایین بود، اقساط وام‌های دریافتی را پرداخت کنند.[۲]

---

۱. این امر که در برههٔ زمانی نسبتا کوتاهی در آن بازار رواج داشت و در فرهنگ مالی به تأمین مالی مجدد refinance موسوم است، به وام‌گیرندگان امکان می‌داد تا با دریافت وام دیگری که از مبلغ وام نخست بیش‌تر بود، وام اول را تسویه کنند. تأمین مالی مجدد برخلاف تنظیم مجدد جدول بازپرداخت وام (resetting) این امتیاز را برای وام‌گیرنده قائل می‌شود که وام دوم را با همان شرایط وام اول دریافت کند. از آن‌جا که در برههٔ زمانی مورد اشاره، بهرهٔ وام‌های دون‌اعتبار، یا همان بهرهٔ اولیه (introductory rate) بسیار کم بود، اگر شرایط وام اول برای گرفتن وام دوم حفظ نمی‌شد، وام‌گیرنده باید وام دوم را به نرخ بهرهٔ روز دریافت می‌کرد که چه بسا از بهرهٔ وام اول بیش‌تر بود.
قابل ذکر است که دلیل افزایش وام دوم نسبت به وام اول، افزایش قیمت مسکن در آن دورهٔ زمانی بود که برنانکه به شرح متن فوق به آن پرداخته است.

۲. تا سه ماههٔ سوم سال ۲۰۰۷، خانه‌های رهنی ۴۳٪ از دریافت کنندگان وام‌های دون‌اعتبار بهره متغیر مصادره شد در حالی که در مورد وام‌های دون‌اعتبار بهره ثابت این رقم فقط ۱۲٪ بود. مراجعه شود به:

Mortgage Bankers Association, [on-line] Available: http://www.mbaa .org . [Accessed 6 Dec 2007].

ـ وام‌های دون‌اعتبار اغلب با سایر انواع وام‌ها ترکیب می‌شد و به پشتوانهٔ آن وام‌های ترکیبی، اوراق بهاداری تولید می‌شد که به محصولات اعتباری سامان‌مند[1] موسوم است. وام‌های گوناگون تشکیل‌دهندهٔ این ترکیب از درجات مختلف اعتباری برخوردار بود. مؤسسات اعتبارسنجی، بالاترین درجهٔ اعتباری را به این محصولات اعتباری سامان‌مند می‌دادند که می‌توانست مطابق خواست سرمایه‌گذاران نهایی باشد.

ـ مشکل تعیین ارزش برخی از دارایی‌های مبنا و پیچیدگی محصولات اعتباری سامان‌مند، بسیاری از سرمایه‌گذاران را وادار کرد تا شدیداً بر ارزیابی ارزش این محصولات توسط مؤسسات اعتبارسنجی تکیه کنند. لیکن وقتی وام‌های دون‌اعتبار آن‌قدر ضرر به بار آورد که ارزش‌گذاری انواع وام‌های تشکیل‌دهندهٔ محصولات اعتباری سامان‌مند را با تردید مواجه کرد، سرمایه‌گذاران اعتبار مؤسسات اعتبارسنجی را زیر سؤال بردند و دیگر تمایلی به نگه‌داری این نوع سرمایه‌گذاری نداشتند. این‌جا بود که سلب اعتماد سرمایه‌گذاران تنها متوجه وام‌های دون‌اعتبار و اوراق بهادار با پشتوانهٔ آن نبود، بلکه گسترشی همه‌جانبه پیدا کرد و سایر طبقات دارایی[2] (مشخصاً هر نوع اوراق بهاداری که پشتوانهٔ آن، دارایی‌های ملکی بود) را هم در برگرفت.

ـ بازار وام‌های دون‌اعتبار اگرچه در مقایسه با بازارهای مالی کوچک بود، ولی ضرر آن عکس‌العمل جدی در بازار ایجاد کرد.

ـ ...

---

1. structural credit products

۲. «طبقهٔ دارایی» عبارت است از دارایی‌های مالی، نظیر معادل‌های نقدی، سهام، اوراق قرضه، زیرگروه‌های آن‌ها، به علاوه دارایی‌های ملموس نظیر مستغلات، فلزات گران‌بها، و اشیای قیمتی. «طبقهٔ دارایی» از مفاهیم اساسی در مبحث تخصیص دارایی (asset allocation) است.

۳. رئیس کمیسیون اوراق بهادار و بورس امریکا

کریستوفر کاکس[1] رئیس کمیسیون اوراق بهادار و بورس امریکا در سخنرانی مورخ ۸ اکتبر ۲۰۰۸ خود در واشنگتن[2] با پرداختن به موضوع بحران جاری مطالبی دراین‌خصوص بیان داشت که ذیلاً به فرازهایی از آن اشاره می‌کنیم:

از موقعی که سقوط استانداردهای وام‌دهی موجب بی‌ارزش شدن میلیاردها ورقهٔ رهنی شد و چندین میلیارد دیگر ریسک پنهان ایجاد کرد، مشارکت‌کنندگان بازار برای کشف آن ریسک و محاسبهٔ هزینه‌ای که دربردارد دچار مشکلات عدیده‌ای شدند. ابزارهای مالی فاقد نقدشوندگی که تا همین اواخر از بالاترین درجهٔ اعتباری برخوردار بودند، به‌عنوان اقلام خارج از ترازنامه[3] و تحت عنوان اوراق بهادار سامان‌مند استتار شده بودند.

این سازمان در مبارزه با تقلب و کلاهبرداری که عامل بحران وام‌های دون‌اعتبار بود، جدیت خاصی از خود نشان داد.

در هفته‌های اخیر بخش اجرائیات ما عهده‌دار تحقیق سراسری درباره کلاهبرداری‌های بالقوهٔ ناشران اوراق بهادار نهادهای مالی و... شد. دلیل اجرای این تحقیق و تفحص دربارهٔ سواپ نکول اعتباری فرصت قابل توجهی است که برای سوءاستفاده و تقلب در این بازار ۵۸ تریلیون دلاری وجود دارد. این بازار کاملاً فاقد شفافیت

---

1. Christoper Cox

۲. ترجمهٔ متن سخنرانی مزبور ضمیمهٔ کتاب است.

۳. محدودیت‌هایی که در مورد اقلام درون ترازنامه وجود دارد، درخصوص اقلام خارج از ترازنامه مورد ندارد.

است و عمداً مقررات‌زدایی شده است. بازار فرابورس[۱] سواپ نکول اعتباری در سال‌های اخیر شاهد رشدی انفجاری بوده است. یکی از دلایل آن این است که مبلغ کل سواپ نکول اعتباری خیلی بیش‌تر از ارزش کل آن چیزی است که این اوراق می‌خواهد آن را تضمین کند. لذا هنگامی‌که از ارزش طبقات دارایی کاسته می‌شود، ضرر وارده به‌طور تصاعدی بیش‌تر می‌شود و سواپ نکول اعتباری می‌تواند منجر به افزایش ریسک کل نظام مالی شود.

بازار سواپ نکول اعتباری که هم‌اینک ارزش آن از جمع تولید ناخالص داخلی تمام کشورهای عالم بیش‌تر است، عمری کم‌تر از ده سال دارد و فقط ظرف دو سال گذشته دو برابر شده است. این بازار از لابلای شکاف‌ها و حواشی سیستم مقرراتی جاری که نه این کمیسیون و نه هیچ سازمان دولتی دیگر نمی‌تواند به آن دست یابد، تا این حد رشد یافته است. هیچ احدی اختیار و اقتداری برای نظارت بر این بازار ندارد.[۲] حتی نمی‌توان از آن خواست که به گزارشگری و افشاگری اولیه تن دردهد.

فراز و فرود در بازار سواپ نکول اعتباری به‌مثابه علامتی به بازارهای دیگر برای قیمت‌گذاری دارایی‌های مبنا و سهام سرمایه‌ای

---

۱. Over The Counter (OTC)، بازار فرابورس به بازاری گفته می‌شود که بر خلاف بورس‌های سازمان‌یافته organized exchanges (مثل بورس سهام نیویورک) تابع مقررات و استانداردهای چندانی نیست.

۲. در سپتامبر ۲۰۰۸ نامبرده از کنگره درخواست کرد تا مبادرت به وضع مقررات برای بازار سواپ نکول اعتباری کند. مراجعه شود به:

Stephen Labaton, "SEC Concedes Oversight Flaws Fueled Collapse", *The New York Times* (26 September 2008).

گفتنی است که آقای کاکس خود قبلاً از طرفداران جدی مقررات‌زدایی بود.

است.[1] دستکاری این بازار کاملاً مخفی و فاقد مقررات می‌تواند روی قیمت‌ها در بازار تابع مقررات اوراق بهادار تأثیر بگذارد.

۴. سران کشورهای عضو گروه ۲۰

سران کشورهای عضو گروه ۲۰ در پایان اجلاس مورخ ۱۵ نوامبر ۲۰۰۸ خود که به‌منظور بررسی بحران جاری تشکیل شده بود، اعلامیه‌ای صادر کردند که ترجمهٔ بند مربوط به علل بحران را عیناً نقل می‌کنیم:

«در اوایل دههٔ جاری و در طول دوره‌ای که رشد جهانی به قوت خود باقی بود، جریان سرمایه رشد داشت و ثبات برقرار بود، مشارکت کنندگان بازار بدون داشتن شناخت کافی از ریسک و بدون آن‌که دقت لازم به‌خرج دهند، در پی کسب بیش‌ترین منفعت بودند. در همین حال، استانداردهای ضعیف پذیره‌نویسی، رویه‌های متزلزل مدیریت ریسک، محصولات مالی ناشناخته و با پیچیدگی روزافزون، و اهرمی‌شدن افراطی دست در دست هم داد تا موجب شکنندگی نظام مالی شود. در عین حال، سیاست‌گذاران و دستگاه‌های نظارتی و مدیریتی در برخی از کشورهای پیشرفته به ریسک موجود در بازارهای مالی توجه نکردند و به آن نپرداختند و با نوآوری‌های مالی هم‌گامی نداشتند و پی‌گیری فراگیر اقدامات نظارتی درون کشوری را مد نظر قرار ندادند.»[2]

---

۱. همان‌طور که قبلاً ذکر شد، ارزش اوراق بهادار و ابزارهای مشتقه از دارایی‌های مبنا (مثل سهام سرمایه‌ای) نشئت می‌گیرد. به عبارتی، دارایی‌های مبنا پشتوانهٔ ارزش و اعتبار اوراق بهادار و مشتقه‌ها هستند. بنابراین، اگر ارزش دارایی‌های مزبور کاهش یا افزایش یابد، طبعاً ارزش اوراق بهادار با پشتوانهٔ آن‌ها هم کاهش یا افزایش می‌یابد. اما برخلاف قاعده، همان‌طور که آقای کاکس گوشزد می‌کند، بازار سواپ نکول اعتباری تعیین‌کنندهٔ ارزش بازارهای اصلی شده است!

2. "Declaration of the Summit on Financial Markets and the World Economy". leaders of the *Group of 20* (15 November 2008).

۵. جرج دبلیو بوش رئیس جمهور وقت امریکا

جرج بوش طی سخنانی در سپتامبر ۲۰۰۸ مطالبی درخصوص بحران بیان داشت که ذیلاً نقل می‌شود:

> افت بازار مسکن اثر دومینو[۱] روی اقتصاد ما داشت. هنگامی‌که قیمت مسکن کاهش پیدا کرد، دریافت‌کنندگان وام‌های رهنی، اقساط خود را نپرداختند و سرمایه‌گذارانی را که اوراق بهادار با پشتوانهٔ رهن در اختیار داشتند، متضرر کردند. اوراق بهادار مزبور آن‌قدر بی‌اعتبار شد که نه کسی آن را می‌خرید، و نه فروشی روی آن صورت می‌گرفت. بانک‌های سرمایه‌گذاری نظیر بیر اشترن[۲] و لمان برادرز[۳] با تجربهٔ تلخی روبه‌رو شدند، چراکه مقادیر معتنابهی از این اوراق را در اختیار داشتند و قادر به فروش آن نبودند. این وضعیت آن‌ها را با مشکل کمبود نقدینگی مواجه کرد، به گونه‌ای که دیگر قادر به انجام تعهدات خود نبودند. ناتوانی بانک‌های سرمایه‌گذاری در انجام تعهداتشان، آن‌ها را به ورطهٔ سقوط کشاند. بانک‌های دیگر هم با مشکل جدی روبه‌رو شدند. آن‌ها هر چه نقدینگی داشتند نزد خود نگه داشتند و وام و تسهیلاتی نپرداختند. این‌ها چرخ فلک نظام مالی امریکا را به‌تدریج از کار انداخت.[۴]

1. domino effect
2. Bear Stearns
3. Lehman Brothers

۴. گفتنی است که در روز هشتم ژانویهٔ ۲۰۰۹ باراک اوباما رئیس جمهور منتخب امریکا برنامهٔ اقتصادی خود را تحت عنوان «برنامهٔ بهبود و سرمایه‌گذاری‌مجدد امریکا» (American Recovery and Reinvestment Plan) اعلام کرد. در زیر گوشه‌هایی از برنامه اقتصادی مزبور که ناظر به موضوع بحران مالی جهانی است، نقل می‌شود.

ــ بحران جاری صرفاً ناشی از حوادث تاریخی یا چرخش ادوار تجاری نیست. این ←

بحران ناشی از تحرکات غیرمسئولانه‌ای است که از اتاق هیأت مدیره شرکت‌ها شروع و به مراکز قدرت در واشنگتن کشیده شد. برای سالیان سال مدیران وال استریت تصمیماتی غیرمحتاطانه و خطرناک گرفتند. آن‌ها دنبال سودجویی بودند، بدون آن‌که به ریسک آن توجه کنند. نظارت و تنظیم‌کنندگی در حداقل خود بود. پاسخ‌گویی وجود نداشت. بانک‌ها بدون آن‌که بدانند وام‌گیرندگان از عهدهٔ بازپرداخت وام دریافتی برمی‌آیند به آن‌ها وام می‌دادند. بعضی از وام‌گیرندگان از اعتبارات ارزان استفاده می‌کردند، بدون آن که استطاعت بازپرداخت آن را داشته باشند. سیاستمداران، مالیاتی را که مالیات‌دهنده‌ها پرداخت می‌کردند به مصرف می‌رساندند، بدون آن که انضباط و درایت به خرج دهند. در نتیجه، اعتماد و اطمینان، اقتصاد ما، دولت ما، و بازارهای ما دچار ضربه‌ای کاری و هولناک شده است.

ــ ما دیگر اجازه نمی‌دهیم که خطاکاران وال استریت با نفوذ به خلل و فرج نظارتی، آن‌جا را دچار لغزش کنند. ما دیگر وام دادن و وام گرفتن‌های بی‌باکانه را که فقط منجربه دوره‌های اوج و حضیض می‌شود، برنمی‌تابیم.

[illegible]
[illegible]
[illegible]
[illegible]
[illegible]
[illegible]

[illegible]

[illegible]
[illegible]
[illegible]
[illegible]
[illegible]

[illegible]
[illegible]
[illegible]

[illegible]

[illegible]

اقتصاد و آزاد و روان‌تر کردن هر چه بیش‌تر فرآیند کسب و کار به شمار می‌رود.

تا قبل از نفوذ نئولیبرال‌ها به ارکان اقتصادی و سیاسی امریکا و شکل‌گیری «الگوی امریکایی سرمایه داری»، بزرگ‌ترین اقتصاد جهان رژیم انباشت فوردیسم[1] را تجربه می‌کرد. فوردیسم که از نام هنری فورد[2] (۱۹۴۷ ـ ۱۸۶۳) پیشتاز صنعت خودروسازی در ایالات متحده امریکا گرفته شده، ترکیبی از تیلوریسم[3] و ماشینیسم است.

فورد با الهام از مدیریت علمی تیلور و تشویق نیروی کار و تقویت انگیزه در این عامل تولید از راه‌هایی چون ایجاد امنیت شغلی و تأمین بیمه‌های اجتماعی، افزایش دستمزد متناسب با افزایش بهره‌وری کار و...، رویکرد سلطهٔ مطلق عامل سرمایه را کنار نهاد و درصدد جلب پشتیبانی و همکاری طبقهٔ کارگر برآمد.[4]

فوردیسم به نقش‌آفرینی دولت در اقتصاد اعتقاد داشت. تولید انبوه را نیازمند مصرف انبوه می‌دانست. برای بانک‌ها نقش واسطه‌گری (واسطهٔ متقاضیان سرمایه و سپرده‌گذاران) قائل بود و به‌منظور کمک به صنعتگران

---

1. Fordism

۲. Henry Ford، هنری فورد یکی از مشهورترین صاحبان صنایع در امریکا و پیش‌کسوت تولید انبوه موتور اتوموبیل در جهان است. او با توسل به این روش توانست در سال ۱۹۰۸ حدود ۱۵ میلیون دستگاه از یک مدل خودرو خود را بفروشد. روش تولید انبوه بعدها در جامعه شناسی و مدیریت به عنوان فوردیسم شهرت پیدا کرد. از نوآوری‌های دیگر فورد سهیم کردن کارگران در سود شرکت بود.
سیاوش مریدی، ***فرهنگ مدیریت کسب و کار*** (تهران: سازمان مدیریت صنعتی، ۱۳۸۱)، ص. ۴۲۵.

۳. Taylorism، مکتب فکری‌ای که ریشه در دیدگاه‌های فردریک وینسلو تیلور دارد و به مدیریت علمی شهرت یافته است.

۴. مهرداد وهابی، «بحران مالی جهانی و شکست الگوی سرمایه‌داری نئو لیبرال (امریکایی)»، ***اطلاعات سیاسی‌ـ‌اقتصادی*** (مهر و آبان ۱۳۸۷)، ص ۹-۷.

در جهت تولید انبوه محصولاتشان، نظام اعتباری بانکی غیر ربوی (برپایهٔ نرخ بهرهٔ واقعی صفردرصد) را راه‌اندازی کرد.

نظام انباشت فوردیستی که تا سال‌های پایانی دههٔ ۶۰ قرن بیستم قرین توفیق بود و طی سه دهه به‌طور متوسط سالیانه رشد ۵ درصدی را برای اقتصادهای صنعتی به ارمغان آورد، از اوایل دههٔ ۷۰ با مشکل روبه‌رو شد. نیمهٔ اول این دهه شاهد چند واقعهٔ منحصربه‌فرد بود:

۱ـ در سال ۱۹۷۱، نظام پولی بین‌المللی برخاسته از قرارداد برتون وودز[1] موسوم به نظام ارزی نرخ ثابت،[2] جای خود را به نظام پولی (ارزی) شناور[3] داد و به این ترتیب دولت امریکا از انجام تعهدات موضوع قرارداد مذکور مبنی بر اجابت تبدیل دلار به طلا با نرخ تثبیت شده (هر آونس طلا معادل ۳۵ دلار) امتناع کرد.

۲ـ در سال ۱۹۷۳، با سه برابر شدن قیمت نفت خام، نخستین شوک نفتی به جهان صنعتی که واردکنندهٔ این حامل انرژی حیاتی بود وارد شد و آن را دچار آسیب کرد.

۳ـ در سال ۱۹۷۴، جهان صنعتی با پدیدهٔ کم‌نظیر رکود تورمی روبه‌رو شد. از مداخلهٔ گستردهٔ دولت در اقتصاد و افزایش هنگفت بدهی‌های دولتی و انتشار پول برای جبران کسری بودجه به‌عنوان علل اصلی پدیدهٔ مزبور یاد می‌شود.

ایجاد رکود تورمی که مبین بدترین وضعیت اقتصادی است، انتقادهای زیادی را موجب شد. میلتون فریدمن بنیان‌گذار مکتب اصالت پول که به هیچ وجه مداخلهٔ دولت در اقتصاد را جایز نمی‌دانست و ریشهٔ عدم تعادل‌های اقتصادی را در ناهنجاری‌های پولی می‌دید، در رأس منتقدان

---

1. The Bretton Woods Agreement 2. The pegged-exchange rate system
3. The floating-exchange rate system

قرار داشت. او کنترل تورم را درحیطهٔ اختیار و صلاحیت دولت نمی‌دانست و آن را وظیفهٔ ذاتی بانک مرکزی می‌شمرد که به اعتقاد او باید کاملاً مستقل از دولت باشد.[۱]

وقایعی که برشمردیم راه را برای پذیرش گفتمانی جدید که مبتنی بر الگوی انباشت دیگری بود هموار کرد. این الگو و آن گفتمان چیزی جز سرمایهٔ مالی و نئولیبرالیسم نبود.

تاچریسم-ریگانیسم که در میدان خصوصی سازی پا به عرصهٔ وجود گذاشت، مصداق عینی ظهور تفکر نئولیبرالیستی بود. دلیل اصلی حاکم شدن این گفتمان را شاید همان‌گونه که دیوید هاروی می‌گوید، باید در بحران جدی انباشت سرمایه در دههٔ ۱۹۷۰ دانست که اگر گریبان سرمایه‌داری امریکا و انگلستان را نمی‌گرفت، هرگز تاچریسم-ریگانیسم هم قد علم نمی‌کرد.[۲]

برون‌سپاری[۳] سرمایهٔ صنعتی در دههٔ ۸۰ و جایگزینی آن با سرمایهٔ مالی سرآغاز شکل‌گیری الگوی امریکایی سرمایه‌داری یا سرمایه‌داری امریکایی به شمار می‌رود. الگوی مزبور، بخش حقیقی اقتصاد را که در تولید خلاصه می‌شود، به حاشیه می‌برد و به جای آن، بخش غیرحقیقی اقتصاد یعنی همان بخش مالی، را به متن می‌آورد.[۴]

برای درک بهتر الگوی سرمایهٔ مالی به ویژگی‌های آن می‌پردازیم:

---

۱. مهرداد وهابی، **همان**، ص ۹-۷.

۲. محمد قراگوزلو، «چگونه وال استریت از پا درآمد؟: بحران مالی نئولیبرالیسم و پیامدهای سیاسی-اقتصادی آن»، ***اطلاعات سیاسی-اقتصادی*** (مهر و آبان ۱۳۸۷)، ص ۴۲.

3. outsourcing

۴. به‌عنوان نمونه، ظرف پنج سال گذشته نرخ رشد مشاغل در صنعت خدمات در امریکا با نرخ از دست رفتن مشاغل تولیدی برابری می‌کند.

ویژگی‌های الگوی سرمایهٔ مالی

به‌طورکلی، سرمایهٔ مالی در نقطهٔ مقابل سرمایهٔ صنعتی قرار دارد. سرمایهٔ صنعتی که نماد سرمایه‌داری مولد است، در پی ایجاد ارزش افزودهٔ واقعی یا به عبارتی، رشد اقتصادی واقعی است. سرمایهٔ مالی، فاقد این ویژگی است. از این رو، وقتی که از تقسیم بندی اقتصاد یاد می‌شود، سخن از اقتصاد حقیقی و اقتصاد غیرحقیقی به میان می آید که اولی، ترجمان بخش تولیدی و دومی، ترجمان بخش مالی است.

بخش حقیقی اقتصاد یا سرمایهٔ صنعتی در پی کسب بیش‌ترین سود تولیدی و بخش غیرحقیقی اقتصاد یا سرمایهٔ مجازی، به دنبال کسب بیش‌ترین عایدی سرمایه‌ای[۱] است.

در زیر ویژگی‌های الگوی سرمایهٔ مالی یا به عبارت دیگر، الگوی انباشت پسافوردیسم[۲] را برمی‌شماریم:

۱. برجسته شدن نقش بازارهای مالی

اصولاً، بازار مالی آینهٔ بخش حقیقی اقتصاد است. به عبارت دیگر، فلسفهٔ تعبیهٔ بازارهای مالی و مشخصاً بازار سرمایه، این است که بخش حقیقی اقتصاد را منعکس کند. لیکن در نظام سرمایهٔ مالی نقش بازار مالی آن‌قدر برجسته شده که گویی، هویتی مستقل از بخش حقیقی اقتصاد پیدا کرده

---

۱. capital gain، به مابه‌التفاوت قیمت خرید تعدیل‌شده یک دارایی و قیمت فروش آن در صورتی که (این تفاوت) مثبت باشد، عایدی سرمایه‌ای می‌گویند. به عبارت دیگر، عایدی سرمایه‌ای عبارت است از سودی که از محل فروش دارایی ثابت یا سهام به دست می‌آید. نقطهٔ مقابل آن، ضرر سرمایه‌ای (capital loss) است که در این حالت، دارایی ثابت یا سهام به قیمتی کم‌تر از بهایی که برای خرید آن پرداخت شده، فروخته می‌شود.

2. post-fordism

است. حجم معاملات در بازارهای مالی طی سه دهۀ اخیر به ده‌ها برابر بیش از حجم معاملات در بازارهای کالایی (معاملات تولیدی و تجاری) بالغ شده است. به‌علاوه، ارزش معاملات موضوع قراردادهای آتی مالی[1] (نظیر قراردادهای آتی بر پایۀ ابزارهای مالی مانند، شاخص‌های سهام و اوراق خزانه داری) به تنهایی از ارزش کل قراردادهای آتی کالایی (غلات، دانه‌های روغنی، دام، مواد خوراکی، مواد صنعتی، فلزات) و ارز پیشی گرفته است.[2] این تحول نشان از آن دارد که در شکل جدید سرمایه‌داری، الگوی انباشت به نحوی است که سود بیش از آن‌که از طریق تجارت و دادوستد (که منشأ آن تولید است) به دست آید، از مجاری مالی (از جمله سفته‌بازی یا به اصطلاح، بورس‌بازی) تحصیل می‌شود.

در نظام انباشت سرمایۀ مالی، سهم صنعت مالی از کل فعالیت‌های اقتصادی به‌شدت افزایش یافته و این صنعت به صنعت برتر تبدیل شده است. به‌عنوان مثال تنها در سال ۲۰۰۴ سود مؤسسات مالی امریکا از مرز ۳۰۰ میلیارد دلار گذشت، در حالی که سود بخش‌های دیگر اقتصاد در آن سال ۵۳۴ میلیارد دلار بود. بدین‌ترتیب ملاحظه می‌شود که حدود ۴۰٪ از کل سود بنگاه‌های اقتصادی امریکا را بنگاه‌های مالی به خود تخصیص می‌دهند در صورتی که ۴۰ سال پیش (قبل از روی کار آمدن نظام سرمایه‌داری مالی) این رقم کم‌تر از ۲٪ بود.[3] در این مدت نقش کنترولر مالی در مدیریت شرکت‌ها و نقش دارایی‌های مالی نسبت به دارایی‌های

---

۱. گفتنی است که دارایی مبنا در این نوع قراردادها از نوع دارایی مالی (مانند اوراق خزانه) است. در قراردادهای آتی کالایی، دارایی مبنا کالایی (غلات، دانه‌های روغنی، و ...) است.

2. Robert W. Kolb, *Understanding future markets* (UK: Blackwell publishers, 1997), p. 18-19.

۳. ویلیام تاب، «چهار بحران سرمایه‌داری»، **سرمایه**، ترجمۀ ف. م. هاشمی (۲۲ دی ۱۳۸۷)، ص ۱۲.

حقیقی برجسته‌تر شده و از همه مهم‌تر، نوسانات بازار سهام، عامل تعیین کنندهٔ ادوار تجاری شده است.

۲. درهم‌تنیدگی مالی بین‌المللی در راستای جهانی شدن

به‌طورکلی، در روند جهانی شدن، سرمایه بیش از سایر عوامل، جهانی شده است. بازارهای مالی در سه دههٔ اخیر، مرزها را پشت سر گذاشته و درهم‌تنیده شده است. گسترش این بازارها در طول مدت یاد شده به حدی بوده که بیش‌ترین معاملات بین‌المللی اوراق بهادار را به ثبت رسانده است.

امریکایی‌ها با درک این نکته که در روند جهانی‌شدن، سرمایه به سمت کشوری میل می‌کند که از مزیت‌های رقابتی بیش‌تری برخوردار است، بر مزیت‌های خود در این زمینه به شدت افزوده‌اند. ابداع و بهینه‌سازی ابزارهای مالی پیشرفته در قالب مهندسی مالی و به‌کارگیری آخرین فناوری اطلاعاتی را باید تلاشی در این جهت به شمار آورد.[۱]

۸۰ درصد سرمایهٔ جهانی جذب بازارهای امریکا می‌شود. طی سال‌های بعد از فروپاشی نظام پولی بین‌المللی پایهٔ طلا، کسری حساب جاری[۲] امریکا از محل ورود جریان مستمر سرمایه به این کشور، تأمین

---

۱. همان‌طور که قبلاً گفته شد، سرمایه‌داری امریکایی با الهام از آموزه‌های نئولیبرالیسم یک رشته موانع و محدودیت‌ها را از سر راه بازارهای مالی برداشت. رفع موانع مقرراتی تحت عنوان مقررات‌زدایی، مهم‌ترین اقدام سرمایهٔ مالی در جهت اجرای آموزه‌های مزبور به شمار می‌رود. برداشتن مرزهای موجود بین بانک‌های سرمایه‌گذاری و بانک‌های تجاری که الگوی انباشت سرمایهٔ مالی آن را مانع تحرک سرمایه و انتقال بیش از پیش فناوری می‌دانند، مصداق مقررات‌زدایی مورد نظر نئوکان‌های اقتصادی است.

۲. حساب جاری یکی از حساب‌های موازنهٔ پرداخت‌هاست که متضمن حساب

←

شده است.[۱] توسعه‌یافته‌ترین بورس‌های اوراق بهادار جهان در امریکا قرار دارد. بیش‌ترین محصولات پیشرفته و ابزارها و نهادهای جدید مالی دستاورد مهندسان مالی امریکایی است. بزرگ‌ترین بازار الکترونیکی سهام، موسوم به بازار سهام نسدک[۲]، در این کشور فعالیت می‌کند.

بدیهی است که این همه تمهید و تأمین و این همه تدارک و بسترسازی، به اقتصاد امریکا امکان داده تا طلایه‌دار جذب سرمایهٔ جهانی باشد.

از سوی دیگر، تضعیف جریان ورود سرمایه به امریکا، طبعاً موجب تشدید کسری حساب جاری این کشور و کند یا متوقف شدن رشد اقتصادی آن می‌شود و دلار را تحت فشار قرار می‌دهد.

۳. بازارمحوری به جای بانک‌محوری

از آن‌جا که الگوی انباشت سرمایهٔ مالی بیش از الگوی انباشت سرمایهٔ صنعتی سرمایه‌محور است یا به‌عبارت دیگر، اقتصاد بانک‌محور به اقتصاد سرمایه‌محور تبدیل شده است، فرآیند تأمین وجوه بنگاه‌های اقتصادی در الگوی جدید بیش از آنکه به بازار پول متکی باشد، به بازارهای سرمایه اتکا دارد. این الگو، بازارمحوری را موجب تسریع

صادرات و واردات کالاها وخدمات است. حساب سرمایه و حساب طلا، دیگر حساب‌های موازنهٔ پرداخت‌هاست.

۱. گفته می‌شود که جذب سرمایهٔ جهانی تا این حد و کارسازی آن در جهت تأمین کسری حساب جاری امریکا، این کشور را از کشوری تولیدی به کشور خدماتی تبدیل کرده است. از این روست که خوش‌نشینی و مفت‌سواری (free-riding) به امریکایی‌ها نسبت داده می‌شود. به نظر می‌رسد سیطرهٔ امریکایی‌ها بر بازارهای مالی آن‌ها را از نوعی حق‌الامتیاز (royalty) برخوردار ساخته است.

۲. Nasdak Stock Market، در این بازار، سهام شرکت‌های رشدگرا (growth companies) و شرکت‌های بین‌المللی که در امریکا دادوستد می‌شود، مورد معامله قرار می‌گیرد.

[illegible]

۴. اهرم‌گرایی

از آن‌جا که در الگوی سرمایهٔ مالی، بخش حقیقی و بخش غیرحقیقی اقتصاد به شکلی پررنگ از هم جدا می‌شوند و رابطهٔ این دو را نسبت اهرمی رقم می‌زند و از آن‌جا که این نسبت هر چه بزرگ‌تر باشد توأم با سود بیش‌تری است، الگوی مزبور تا آن‌جا که توانسته، اهرمی شده است.

سرمایه‌داری امریکایی با این توجیه که باید اسباب تسهیل و تسریع گردش سرمایه را فراهم کرد، چاره را در به‌حداقل رساندن محدودیت‌های اهرمی، نظیر برداشتن مرزهای بانکداری تجاری و بانکداری سرمایه‌گذاری دیده است. این امر که در راستای مقررات‌زدایی صورت گرفته، بانک‌های سرمایه‌گذاری را که برخلاف بانک‌های تجاری چندان مکلف به رعایت نسبت سرمایه نیستند، قادر ساخته تا فارغ از التزام به رعایت نسبت مزبور، به عملیات بانکی کم و بیش تجاری دست زنند و با پرداخت وام‌هایی که پیش از آن امکان نداشت، خود را به مراتب بیش از گذشته به قدرت اهرم وابسته کنند، به‌طوری‌که مصارف‌شان (وام‌های پرداختی) به ده‌ها برابر منابع‌شان (سرمایه) افزایش یابد.

از طرف دیگر، بانکداری تجاری هم با استفاده از سازوکار «کاهش دارایی‌ها»[1]، بر محدودیت مزبور (التزام به رعایت نسبت سرمایه) فائق آمده است. به موجب این سازوکار، بانک‌ها از طریق کاهش دارایی‌های خود، نظیر تبدیل وام‌های پرداختی به اوراق بهادار به شرح پیش گفته، می‌توانند منابع تخصیص داده‌شدهٔ خود را آزاد، و به همان میزان، وام

---

۱. گفتنی است که بانک‌ها برای افزایش نسبت سرمایه دو امکان پیش رو دارند: ۱. افزایش سرمایه ۲. کاهش دارایی‌ها. کاهش دارایی‌ها می‌تواند شامل فروش شرکت‌های تابعه، فروش وام به بانک‌های دیگر یا تبدیل دارایی‌ها به اوراق بهادار باشد.

[illegible]

[illegible]

[illegible]

[illegible]

وام‌های پرداختی به شکلی که قبلاً ذکر شد، مبادرت به وام فروشی به واسطه‌های بازار سرمایه می‌کردند و با آزادکردن منابع خود به این طریق، وام‌های جدید تخصیص می‌دادند و به این ترتیب، بازار را به سمت اهرمی‌تر شدن هرچه بیش‌تر پیش می‌بردند.

گفتنی است، در برههٔ زمانی مورد اشاره که سیل نقدینگی به هر دو بخش بازار مسکن (تولیدی و مالی) سرازیر می‌شد، بازار سرمایه توانست به مراتب بیش‌تر از گذشته وام خریداری کند و به پشتوانهٔ آن، اوراق بهادار منتشر نماید.

۲.۴. *سرمایه‌گذاری اهرمی (خرید اهرمی اوراق بهادار)*

همان‌گونه که در فصل چهارم شرح داده شد، در جریان شکل‌گیری حباب مسکن در امریکا، بانک‌های سرمایه‌گذاری با دریافت وام‌های کم بهره از بازار پول یا سایر منابع، اوراق بهادار با پشتوانهٔ رهن که در آن زمان بیش از نرخ بهرهٔ وام‌های مزبور بازدهی داشت، خریداری می‌کردند. سرمایه‌گذاری بانک‌های سرمایه‌گذاری در بازار سرمایه از محل منابع استقراضی از بازار کوتاه‌مدت، بانک‌های مزبور را بیش از پیش اهرمی کرد و آن‌ها را از این ناحیه هم در معرض آسیب قرار داد.

علاوه بر مورد اخیر، شکل‌های دیگری از استفادهٔ اهرمی در بازار سرمایه نیز قابل ذکر است. خرید سهام با استفاده از حساب اعتباری کارگزار[۱] یکی از این اشکال است که به موجب آن، مشتری‌های کارگزاری می‌توانند با دریافت وام از کارگزار خود، سهام خریداری کنند.

فروش سهام توسط فروشندهٔ فاقد آن سهام که به آن فروش

---

۱. margin account، به‌طورکلی، به تفاوت بین ارزش بازار سهام و میزان وام پرداختی کارگزار، حاشیه (margin) و به حساب آن، حساب حاشیه (account margin) یا حساب اعتباری کارگزار می‌گویند.

استقراضی[1] می‌گویند، نمونهٔ پیچیده‌ای از خرید اهرمی است. استفاده از این شیوه بدان صورت است که یک فعال بازار که گمان می‌کند قیمت سهام مثلاً شرکت آلفا در آینده کاهش خواهد یافت، به کارگزار خود دستور می‌دهد که به حساب او تعداد معینی از سهام آن شرکت را بفروشد. از آن‌جا که این فروشندهٔ سهام، خود فاقد آن سهام است، لذا آن تعداد معین سهام را از کارگزار خود قرض می‌گیرد تا به خریدار انتقال دهد. کارگزار مزبور به سه طریق سهام مورد نظر را تأمین می‌کند:

ـ از محل موجودی خود

ـ از محل موجودی مشتریان خود که نزد او به ودیعه گذاشته شده است.

ـ از طریق استقراض از همکاران کارگزار خود

آن‌گاه فروشندهٔ استقراضی سهام مزبور، آن تعداد سهامی را که قرض گرفته، خریداری می‌کند و به کارگزار خود پس می‌دهد.[2] کاهش قیمت سهام فروخته شده نسبت به زمان فروش استقراضی، سود فروشنده و افزایش قیمت، زیان او خواهد بود.

گفتنی است که به‌دنبال وقوع بحران مالی، دستکاری اوراق بهادار نهادهای مالی از راه‌هایی چون سوءاستفاده از فروش استقراضی و شایع کردن عمدی اطلاعات، جزو مواردی اعلام شد که کمیسیون اوراق بهادار و بورس امریکا به تحقیق در مورد آن‌ها مبادرت کرده است.

۳.۴. *خلق اعتبار بر اساس اعتبار*

همان‌گونه که قبلاً گفتیم، بانکداری نوین مبتنی بر نظام بانکی ذخیرهٔ

---

1. selling short (short sale)

۲. موقعیت فروشندهٔ استقراضی را در فاصله زمانی فروش استقراضی تا تهیه سهام فروخته شده به این طریق، موقعیت استقراضی (short position) می‌گویند.

[illegible]

[illegible]

[illegible]

نظام سرمایهٔ مالی، راه را برای نقش‌آفرینی سفته‌بازان هموارتر کرده است. به‌عنوان مثال، درحالی‌که هدف از ابداع و راه‌اندازی ابزارهای پیشرفتهٔ مهندسی مالی، از جمله قراردادهای آتی و اختیار معامله، مهار نوسانات بازارهای مالی است، سفته‌بازها بیش‌ترین نقش را در افزایش نوسانات قیمت دارند. آن‌ها به هر بازاری که پا می‌گذارند ابتکار عمل را در دست می‌گیرند، قیمت‌ها را به دنبال خود می‌کشانند و آن را به هرسو که بخواهند، می‌برند.

در عین حال، از نقش ضروری سفته‌بازی هم سخن گفته شده است، چراکه در غیاب آن، تأمین نقدینگی برای معاملات بازار بدون مسأله نخواهد بود.[۱] به‌علاوه، گفته می‌شود که هر چقدر فعالیت‌های ناظر بر سفته‌بازی گسترده‌تر باشد، بازار نقش خود را در رابطه با کشف قیمت بهتر ایفا می‌کند و داد و ستد تأمینی که نقطهٔ مقابل سفته‌بازی است، قدرت عمل پیدا می‌کند.[۲]

بی آن‌که بخواهیم در مورد نقش سلبی یا اثباتی سفته‌بازی، به‌طورکلی، سخنی گفته باشیم، باید بگوییم که حداقل در جریان آنچه منجر به بحران مالی جهانی‌شد، سفته‌بازی از خود نقش مثبتی به جا نگذاشت. به نظرمی‌رسد که نقش‌آفرینی غیرسازندهٔ سفته‌بازی بیش‌تر متأثر از خاصیت ابزار مشتقه باشد.[۳] این ابزار که باید آن را ستون فقرات سرمایهٔ

---

۱. برای توضیح بیش‌تر مراجعه شود به: غلامرضا نظربلند، «مدیریت خلاق رویارویی با نوسانات ارزی»، ***مجلهٔ پژوهشی دانشگاه اصفهان: علوم انسانی***، ۱۱ (شمارهٔ ۱ و ۲ سال ۱۳۷۹)، ص ۹۳ـ۹۱.

2. Franklin R. Edwards; Cindy W. Ma, *Futures and options* (New York: McGraw-Hill, 1992), p. 175.

۳. این ابزار که از اوراق بهادار با پشتوانهٔ رهن تا سواپ نکول اعتباری را شامل می‌شود، در جریان شکل‌گیری حباب مسکن و ماجراهای بعدی، از گردش فوق‌العاده‌ای برخوردار بود و ارزش بازار آن به هزار تریلیون دلار بالغ می‌شد.

مالی نامید، در حالی که ضربه‌گیر ریسک است (خاصیتی که مورد بهره‌برداری سرمایه‌گذاران ریسک‌گریز یا اصطلاحاً تأمین‌طلب‌ها، قرار می‌گیرد)، موجب تقویت وضعیت اهرمی بازار نیز می‌شود و اسباب لازم را برای سفته‌بازی کوتاه‌مدت فراهم می‌کند. به عبارت دیگر، ماهیت ابزار مشتقه، به‌گونه‌ای است که از آن استفادهٔ دوگانه می‌شود. قابلیت استفادهٔ دوگانه، موجب شده تا هر دو طیف ریسک‌گریز (کسانی که برای مقابله با ریسک به دادوستد تأمینی متوسل می‌شوند، اصطلاحاً تأمین‌طلب‌ها) و ریسک‌پذیر (سفته‌بازان) به ابزار مشتقه رو آورند.

در دورهٔ رونق بازار مسکن امریکا، سفته‌بازها به محض آن‌که احساس کردند دورهٔ خوش بازار در حال سپری شدن است (سال ۲۰۰۶)، از بازار خارج شدند. آن‌ها در دورهٔ حضور در بازار مزبور، در گسترش تقاضای غیرواقعی و اغوای بخش واقعی بازار مسکن و ایجاد حباب قیمت، نقش مؤثری داشتند.

شکل‌گیری بحران

بحران جاری از بازار مسکن امریکا شروع شد. این بازار دارای حلقه‌های به هم پیوسته‌ای بود که زنجیر اعتبار را تشکیل می‌داد. وام‌های رهنی، نخستین حلقهٔ زنجیر اعتبار، و پدیدهٔ کم‌تر شناخته شده‌ای به نام سواپ نکول اعتباری، آخرین آن بود.

حلقهٔ آغازین زنجیر اعتبار، یعنی وام‌های رهنی، دارایی مبنا به شمار می‌آمد که به پشتوانهٔ آن، اوراق بهادار موسوم به اوراق بهادار با پشتوانهٔ رهن، منتشر می‌شد. این حلقه، پاشنهٔ آشیل زنجیر اعتبار بود، چراکه اگر وام‌ها دچار مشکل می‌شد، مثلاً وام‌گیرندگان اقساط خود را نمی‌پرداختند، از ارزش اوراق بهادار منتشرشده کاسته می‌شد و تبعات منفی از خود به جای می‌گذاشت.

[illegible]

[illegible]

[illegible]

بیش از دو برابر شده و به ۵۸ تریلیون دلار رسیده است. به گفتهٔ کریستوفر کاکس رئیس کمیسیون بورس و اوراق بهادار امریکا، «یکی از دلایل چنین رشدی این است که موجودی سواپ نکول اعتباری، خیلی بیش‌تر از ارزش کل آن چیزی است که این اوراق می‌خواهد آن را تضمین کند.»[1]

حاکم نبودن هیچ قاعده و قانونی بر بازار سواپ نکول اعتباری، از دیگر دلایل رشد قارچ گونهٔ آن است. به عبارت دیگر، بازار سواپ نکول اعتباری بازاری فراقانونی است.

کاکس می‌افزاید: «بازار سواپ نکول اعتباری از لابلای خلل و فرج سیستم مقرراتی جاری که نه کمیسیون اوراق بهادار و بورس امریکا و نه هیچ سازمان دولتی دیگر نمی‌تواند به آن دست یابد، تا این حد رشد یافته است. هیچ احدی اختیار و اقتداری برای نظارت بر این بازار ندارد. حتی نمی‌توان از آن خواست که به گزارشگری و افشاگری اولیه تن دهد.»[2]

اثر دومینوی سواپ نکول اعتباری

به گفتهٔ کاکس «بازار سواپ نکول اعتباری، مؤسسات مالی عمدهٔ جهان و دیگر مؤسسات اقتصادی را در شبکهٔ ارتباطاتی پیچیده‌ای فرو برده که ناکامی هر یک از این مؤسسات می‌تواند کل نظام مالی را به مخاطره اندازد. این ارتباطات پیچیده، ریسک‌هایی را به نظام مالی تحمیل می‌کند که علت آن فقدان کامل اطلاعات در مورد این است که چه کسی، طرف ریسک چه کس دیگری است، و وضعیتی را موجب شده که نه تنها

---

1. U.S. Securities and Exchande Commission, "Speech by SEC Chairman: Opening Remarks at SEC Roundtable on Modernizing the Securities and Exchange Commissions Disclosure System", 2008. [on-line] Available: http://www.sec.gov/news/speech/2008/spch100808cc.htm

2. *Ibid.*

مستعد شایعه‌پراکنی و ارائهٔ اطلاعات نادرست است، بلکه بالقوه باعث کلاهبرداری و فریبکاری می‌شود. این موضوع جای نگرانی بیش‌تری دارد، چراکه از درون بازار فرابورس سواپ نکول اعتباری پدیدهٔ جدیدی بیرون آمده که به‌موجب آن، افزایش یا کاهش قیمت‌ها در بازار سواپ به‌مثابه علامتی به بازارهای دیگر برای قیمت‌گذاری بدهی‌ها و سهام سرمایه‌ای مبناست... دستکاری این بازار کاملاً مخفی و فاقد مقررات می‌تواند روی قیمت‌ها در بازار تابع مقررات تأثیر گذارد.

از آن‌جا که موجودی اوراق بهادار تحت عنوان سواپ نکول اعتباری خیلی بیش‌تر از ارزش کل آن چیزی است که این اوراق می‌خواهد آن را تضمین کند، لذا هنگامی‌که از ارزش کل دارایی‌ها کاسته می‌شود، ضرر سواپ نکول اعتباری که به صورت تصاعدی افزایش یافته، می‌تواند منجر به افزایش ریسک کل نظام مالی شود.»[1]

اظهارات بالاترین مقام بازار سرمایه امریکا به شرح فوق، هرچند که به زبانی فنی و محتاطانه بیان شده، تا حدودی ابعاد پنهان پدیدهٔ کم‌تر شناخته شدهٔ مورد بحث را آشکار می‌کند. از جمله این‌که سواپ نکول اعتباری الهام‌بخش بازارهای مالی و حتی حقیقی شده است، به گونه‌ای که تغییرات قیمت در این بازار موجب تغییر قیمت دارایی‌های مبنا، نظیر کالاها و سهام سرمایه‌ای می‌شود. این در حالی است که قاعدتاً دارایی مبنا، همان‌طور که از نامش پیداست، ملاک و مبنای تغییر قیمت ابزار مشتقه، نظیر سواپ نکول اعتباری است.

وارونه‌شدن قواعد بازارهای مالی، نظیر قرار گرفتن ابزار مشتقه‌ای چون سواپ نکول اعتباری در جای دارایی مبنا، به این حلقهٔ زنجیر اعتبار اثر دومینو بخشید، به‌گونه‌ای که ریزش و سقوط آن، می‌توانست بقیهٔ

---

1. *Ibid.*

حلقه‌های زنجیر اعتبار را هم به ریزش و سقوط بکشاند.

از سوی دیگر، تبعیت تغییر قیمت دارایی‌های مبنا از تغییرات قیمت در بازار سواپ نکول اعتباری، خیلی بیش از حالت معکوس (تبعیت تغییرات قیمت در بازار سواپ نکول اعتباری از تغییر قیمت دارایی‌های مبنا) تأثیرگذار است، زیرا همان‌گونه که کاکس می‌گوید: «موجودی اوراق بهادار تحت عنوان سواپ نکول اعتباری، خیلی بیش‌تر از ارزش کل آن چیزی است که این اوراق می‌خواهد آن را تضمین کند.» از این رو، میزان تأثیر تغییرات بازار سواپ نکول اعتباری آن‌قدر زیاد است که می‌تواند منجر به افزایش ریسک کل نظام مالی شود. بدیهی است که این حد تأثیرگذاری موجب افزایش اثر دومینوی این بازار می‌شود.

هرچند که با این توضیحات باید حلقهٔ سواپ نکول اعتباری را حلقهٔ گسست زنجیر اعتبار نامید، لیکن دیگر حلقه‌های این زنجیر هم عاری از تزلزل و گسست نبوده‌اند. در زیر به نمونه‌هایی از آن اشاره می‌کنیم:

۱. ناهمگن بودن بسته‌های وام

بستهٔ وام‌های رهنی که به پشتوانهٔ آن، اوراق بهادار منتشر و پذیره‌نویسی می‌شد و از محصولات مالی بازار سرمایه به شمار می‌رفت، ناهمگن بود. این ناهمگنی از آن‌جا بود که بسته‌های مورد اشاره، بی‌آن که بازار از آن آگاه باشد، طیف گوناگونی از وام‌ها را با درجات اعتباری مختلف، از ممتاز تا دون‌اعتبار، دربرمی‌گرفت و مؤسسات رتبه‌سنجی اعتبار بالاترین درجهٔ اعتبار را به آن می‌دادند.

۲. نگاه و عملکرد جزیره‌ای حلقه‌های زنجیر اعتبار

تا آن‌جا که به موضوع ریسک مربوط می‌شود، هر حلقهٔ زنجیر اعتبار با نگاهی انتزاعی، از تقبل ریسک می‌گریخت و صرفاً به سود خود

می‌نگریست. به این ترتیب، امتیازی که ابزارهای مالی به‌خصوص مشتقه‌ها آن را هنر خود می‌دانند، یعنی وسیله‌ای برای توزیع ریسک، به ضد خود، یعنی وسیله‌ای برای انتقال ریسک تبدیل شد. به عبارت دیگر، هیچ یک از حلقه‌های زنجیر اعتبار نمی‌خواست بابت ریسک هزینه‌ای پرداخت کند و فقط در سود سهم‌خواهی می‌کرد، گویی که این وظیفهٔ سایر حلقه‌هاست که بار ریسک را متحمل شوند.

آنچه در فصل گذشته تحت عنوان مسئولیت‌گریزی شرح دادیم، وصف حال نگرش جزیره‌ای حلقه‌های زنجیر اعتبار است: «... هر حلقه‌ای از زنجیر رهن سود خود را برمی‌داشت و ریسک را به حلقهٔ دیگری وامی‌گذاشت. کارگزارها به وام‌دهندگان، وام‌دهندگان به بانک‌های سرمایه‌گذاری، بانک‌های سرمایه‌گذاری به سرمایه‌گذاران، سرمایه‌گذاران به ناشران سواپ نکول اعتباری.»

کالبد شکافی بحران

هرچند که بحران مالی جاری در ابتدا بحران اعتباری یا به عبارت دقیق‌تر، بحران وام‌های دون‌اعتبار نام گرفت و تلاش شد تا دادن وام به قشرهای ضعیف جامعه، علت اصلی آن معرفی شود، لیکن بنا به دلایل زیر نمی‌توان این مسأله را علت بحران دانست:

۱ـ پرداخت وام‌های دون‌اعتبار در پی جاری شدن سیل نقدینگی به بازار مسکن، شکلی نسبتاً جدی به خود گرفت. تا قبل از آن (تا سال ۲۰۰۴) ارزش وام‌های مزبور نسبت به ارزش کل بازار وام‌های رهنی سهمی ناچیز داشت (فقط ۹ درصد)، لیکن ظرف سال‌های ۲۰۰۴ تا ۲۰۰۶ سهم مزبور به ۲۰ درصد رسید.

گفتنی است که با جاری شدن سیل نقدینگی به بازارمسکن، امکان اجابت هر نوع تقاضای جدید وام رهنی (از جمله تقاضا برای وام‌های

دون‌اعتبار) فراهم شد. به عبارت دیگر، اعطای وام‌های دون‌اعتبار را باید معلول افزایش شدید نقدینگی بازار دانست که سرریز آن نصیب قشرهای ضعیف جامعه شد.

۲ـ در سال ۲۰۰۴ که اعطای وام‌های دون‌اعتبار شکلی جدی به خود گرفت، قیمت مسکن در حال افزایش و در واقع حباب قیمت در حال شکل‌گیری بود. در سال ۲۰۰۵ بازار مسکن متعادل شد و در سال ۲۰۰۶ حباب مسکن در ایالات مختلف شروع به ترکیدن کرد.[۱]

۳ـ در جریان اعطای وام‌های دون‌اعتبار، ابتکار عمل به‌طورکامل در دست وام‌دهندگان بود و وام‌گیرندگان نقشی نداشتند و طبعاً نمی‌توانستند منشأ اثری باشند.

در زیر به مصادیقی از این وضع اشاره می‌کنیم:

۱.۳. وام‌دهندگان وام‌های دون‌اعتبار با این توجیه که رشد انفجاری قیمت مسکن شمار زیادی از متقاضیان وام‌های دون‌اعتبار را از شمول واجدین شرایط دریافت وام‌های رهنی معمولی (بهره‌ثابت) خارج کرده[۲]، از پرداخت این نوع وام به قشرهای ضعیف امتناع کردند و آن‌ها را در ردیف مشمولان وام‌های رهنی بهره‌متغیر قرار دادند.

---

۱. اوج اعطای وام‌های دون‌اعتبار با ایجاد تعادل در بازار مسکن و سپس پیشی گرفتن عرضه (مسکن) بر تقاضا همراه بود. درنتیجه، نه‌تنها بر ثروت بیش‌تر وام‌گیرندگان وام‌های دون‌اعتبار به خاطر ورود دیرهنگام به بازار افزوده نشد، بلکه خانه‌های خیلی از آن‌ها به خاطر ناتوانی در پرداخت اقساط، مصادره (ضبط رهن) شد.

۲. از آن‌جا که پرداخت وام‌های رهنی معمولی (بهره ثابت) تابع میزان درآمد وام‌گیرنده و نسبت آن به قیمت مسکن بود، لذا افزایش شدید قیمت مسکن در آن مقطع زمانی موجب به هم خوردن این نسبت و خارج شدن شمار کثیری از متقاضیان وام‌های دون‌اعتبار از شمول واجدین دریافت وام بهره‌ثابت شد. این امر دلیل دیگری است که ورود وام‌گیرندگان وام‌های دون‌اعتبار به بازار وقتی صورت گرفت که حباب مسکن در حال شکل‌گیری بود.

۲.۳. تقریباً همهٔ وام‌های دون‌اعتبار پرداختی از نوع بهره‌متغیر بود. از این رو وام‌دهنده از بابت افزایش نرخ بهره نگرانی نداشت، چراکه می‌توانست با افزایش نرخ بهره در زمان بازپرداخت وام‌های مزبور، عملاً ریسک نوسانات نرخ بهرهٔ وام‌های بهره متغیر را به وام‌گیرنده منتقل کند.

گفتنی است، با وجودی که وام‌دهندگان از وضعیت نامساعد اعتباری متقاضیان وام‌های دون‌اعتبار آگاه بودند و احتمال زیاد می‌دادند که از عهدهٔ بازپرداخت وام‌های دریافتی برنیایند، نگران بازپرداخت وام‌ها نبودند، چراکه در زمان اعطای وام‌های مزبور (عمدتاً بین سال‌های ۲۰۰۴ تا ۲۰۰۶) قیمت مسکن در حال افزایش و در واقع حباب قیمت در حال شکل‌گیری بود. لذا اگر وام‌های پرداختی بازپرداخت نمی‌شد، وام‌دهندگان می‌توانستند با مصادره و فروش خانه‌های رهنی مزبور، تمام مطالبات خود را وصول کنند.

ناگفته نماند که در همین حال، اعطای وام‌های دون‌اعتبار به‌طرز مشکوک و پرسش‌برانگیزی با تنزل استانداردهای پرداخت وام، سهل‌گیری‌های خارج از حد، از جمله در مورد میزان اعتبار متقاضیان وام، رواج ارائهٔ اطلاعات نادرست از طریق تقاضانامه‌های وام و... همراه بود.

۴ـ همان‌گونه که قبلاً گفته شد، سه چهارم وام‌های دون‌اعتبار تبدیل به اوراق بهادار شد. نقش وام‌های دون‌اعتبار در این فرآیند تبدیل دارایی‌ها به اوراق بهادار به‌ناچار تابع لجام گسیختگی و سودجویی سیری‌ناپذیر واسطه‌ها و سایر دست‌اندرکاران بازار شده بود.[1]

با این دلایل، نمی‌توان پذیرفت که بحران مورد بحث، معلول وام‌های

---

۱. همان‌طور که قبلاً دیدیم، حتی گرینسپان رئیس سابق فدرال رزرو که تبدیل وام‌های دون‌اعتبار به اوراق بهادار را علت بحران می‌داند، اعطای وام‌های دون‌اعتبار را مسبب بحران نمی‌داند.

دون‌اعتبار باشد. از این رو، باید سراغ دیگر عوامل رفت تا بتوان به علت اصلی پی برد.

در فصل چهارم به علل و عوامل گوناگونی پرداختیم که هر کدام، از نگاه صاحب‌نظری به‌عنوان علت بحران معرفی شده است. ما اگرچه نقش هیچ کدام از آن عوامل را در ایجاد بحران نفی نمی‌کنیم، معتقدیم که ریشهٔ بحران جاری را باید در الگوی انباشت پسافوردیستی یا سرمایه‌داری امریکایی جست‌وجو کرد. این الگوی انباشت که جای الگوی سرمایه‌داری صنعتی نشسته، علی‌رغم توفیقاتی که داشته، به‌علت برخورداری از یک رشته ناهنجاری‌های ماهوی و عارضی، هزینه‌های زیادی را به جامعهٔ جهانی تحمیل کرده و امروز آن را به گرداب بحران انداخته است.

سرمایهٔ مالی ضد سرمایهٔ مالی

وقوع بحران جاری تا حدودی پرده از واقعیات برداشت و نشان داد که سرمایهٔ مالی دارای ناسازگاری‌های درونی و فاقد کارآمدی لازم است. این امر حکایت از این می‌کند که پیش از وقوع بحران مالی، الگوی انباشت سرمایهٔ مالی دچار بحران بوده است.

در زیر نمونه‌هایی از ناسازگاری‌های مورد اشاره و ناکارآمدی‌های سرمایهٔ مالی را برمی‌شماریم:

۱. پارادیم خودتنظیمی بازار که جایگزین نظارت بر بازار و مقررات‌گذاری شده است، بازارهای مالی را به حال خود رها کرد و دست مشارکت کنندگان بازار را برای سوء استفاده، تقلب، کلاهبرداری، بی‌انضباطی، دستکاری قیمت‌ها و در یک کلام، ایجاد بازارهای تاریک، باز گذاشت.

۲. پدیدهٔ «تبدیل دارایی‌ها به اوراق بهادار» که می‌توانست و می‌بایست

موجب امنیت خاطر سرمایه‌گذاران شود، خود منشأ ناامنی شد. به‌کارگیری بی‌حساب و کتاب این نوآوری مالی، آن هم در اشکال گوناگونی چون خلق اعتبار بر اساس اعتبار و آن هم به میزان و تعداد دفعاتی که حدی برایش متصور نبود، هزینهٔ سنگینی بود که سرمایهٔ مالی به خاطر زیاده‌خواهی به بازارهای مالی اصیل و بازارهای حقیقی تحمیل کرد و موجی از ناتوانی در ارزش‌گذاری دارایی‌ها، عدم اطمینان و ریسک، اعسار، افلاس، ورشکستگی، بی‌خانمانی، بیکاری، رکود و کسادی، فقر و تنگدستی، گسترش شکاف طبقاتی و... از خود به جای گذاشت.

۳. نوآوری‌های مالی که مهندسی مالی آن‌ها را به قصد توزیع ریسک ابداع کرد، باعث انتقال ریسک یا وسیله‌ای برای استتار ریسک (لاپوشانی ریسک) شد.

۴. با قرارگرفتن لاپوشانی ریسک در جای گزارشگری ریسک، سرمایهٔ مالی دچار تناقضی دیگر شد، زیرا شفافیت[1] که از جمله دلایل وجودی بازارهای مالی است را به ضد خود تبدیل کرد.

۵. تکنیک‌ها و ابزارهای گوناگونی که به منظور مدیریت ریسک و مقابله با نوسانات نظام پولی بین‌المللی شناور راه‌اندازی شده بود، بیش‌تر به ابزارهایی برای سفته‌بازی و شرط‌بندی‌های قمارگونه تبدیل شد، به‌نحوی که ظرفیت‌سازی بازار به‌منظور فیلتر کردن ریسک، از عهدهٔ فیلترشکنی سفته‌بازان برنیامد.

۶. جهانی شدن اقتصاد و بازارها، سر از جهانی‌شدن بحران درآورد.

۷. ایجاد فرصت‌هایی چون «تأمین مالی مجدد» که به وام‌گیرندگان موجود امکان گرفتن وام دوم می‌داد تا آن‌ها را از سرریز نقدینگی بادآوردهٔ بازار بی‌نصیب نگذارد، با تغییر شرایط بازار، برای آن‌ها بدهی بیش‌تر به‌بار آورد.

---

1. transparency

۸. بازارهای مالی که باید با شفافیت هر چه تمام، واقعیات اقتصاد حقیقی را منعکس کند، نه تنها از انجام این نقش بازماند، بلکه به ایجاد حباب (نظیر آنچه در بازار مسکن رخ داد) و دستکاری قیمت‌ها دامن زد و باعث شد تا بازارهای کالایی از بازارهای مالی تأثیر بپذیرد و اقتصاد حقیقی را در سایهٔ اقتصاد غیر حقیقی قرار دهد. به نظر می‌رسد وقتی تلاش وال استریت برای از خط خارج کردن مین استریت به بار نشست، سرمایه‌داری امریکایی به خواستهٔ خود رسید، چراکه برخلاف بازار کالایی، بازارهای مالی را می‌توان به راحتی دستکاری کرد و قیمت‌ها را در جهت دلخواه تغییر داد.

۹. نظام سرمایهٔ مالی به اتکای افزایش ارزش دارایی‌ها[1] (مشخصاً مسکن) که شبیه قمار است و با توسل به شیوه‌های منسوخ و مردودی چون طرح پونزی، آن قدر دست به استقراض زد که چیزی جز انباشت بدهی[2] از خود به‌جای نگذاشت.

۱۰. سرمایه‌داری امریکایی که هدف از انگاره‌هایی چون مقررات‌زدایی، کاهش محدودیت‌های اهرمی، خودتنظیمی و... را تأمین منافع مشارکت‌کنندگان بازار اعلام می‌کند، با نادیده گرفتن مشارکت کنندگان بین‌المللی بازار، جریان سرمایه را در انحصار خود گرفت و آن را کسب‌وکار امریکایی دانست و تصریح کرد که اگر بازار به خود واگذار نشود، این کسب‌وکار امریکایی به دست دیگران می‌افتد.[3] به‌علاوه، سرمایه‌داری امریکایی برای این‌که رشد اقتصادی امریکا کند نشود، حاضر نشد که با وضع مقررات جلو بحران را بگیرد.

۱۱. در حالی که سرمایهٔ مالی به تجارت آزاد به‌عنوان ضامن منافع

---

1. asset value appreciation 2. debt accumulation

3. What went Wrong ?. [on-line] Available: www.washingtonpost. com [Accessed 15 Oct. 2008].

همهٔ کشورها می‌نگرد و بازارهای مالی بین‌المللی را برای کشورهایی که با کمبود سرمایه مواجهند یا به رکود موقت دچار شده‌اند راهگشا می‌داند، خود در بن‌بستی که این بازارها اقتصاد جهانی را در آن گرفتار کرده‌اند، مانده و از عهدهٔ ارائهٔ راهکاری برای برون‌رفت از آن برنیامده است.

۱۲. سرمایه‌داری امریکایی با نفی مقررات‌گذاری و اعتقاد به خاصیت خودتنظیمی، بازار را به حال خود واگذار کرد. بازار خودتنظیم مفهوماً با منفعت‌طلبی شخصی سر ستیز دارد و این حسن آن است. اما بازاری که باید در عمل نیز چنین می‌بود، در دورهٔ شکل‌گیری بحران نشان داد که هر عنصر و هر جزئی از آن جز به سود خود به چیز دیگری نمی‌اندیشد. این بازار عملاً نشان داد که حتی مؤسسات رتبه‌سنجی اعتبار که امین بازارند از این قاعده مستثنی نیستند، چراکه همین مؤسسات بودند که با برخوردارکردن بسته‌های ناهمگن وام از درجهٔ اعتباری واحد، و آن هم بالاترین درجه، نشان دادند که در آشفته‌بازار، آن‌ها هم به‌ویژه خواری نه نمی‌گویند.

۱۳. انتشار اوراق بهادار به پشتوانهٔ بسته‌های ناهمگن وام تا آن‌جا که به وام‌های دون‌اعتبار مربوط می‌شد نوعی تقلب و شکل ظریفی از پولشویی[1] به شمار می‌رود، زیرا همان‌طور که گفته شد در حالی که این وام‌ها دارای پایین‌ترین درجهٔ اعتبار بود و طبعا از مقبولیت لازم برای این که پشتوانهٔ اوراق بهادار قرارگیرد برخوردار نبود، با وام‌های ممتاز یک کاسه و به پشتوانهٔ این جمع ضدین، اوراق بهادار منتشر می‌شد.

۱۴. الگوی نئولیبرالیستی انباشت با کم‌رنگ کردن نقش عامل نظارت، موانعی راکه سرمایه‌داری صنعتی دورهٔ بعد از رکود بزرگ ایجاد کرده بود (نظیر مرزبندی‌های مصنوعی موسوم به دیوار چین در راستای ایجاد

1. money laundry

تضاد منافع[1]) تا از تبانی مشارکت‌کنندگان بازارهای مالی جلوگیری به عمل آورد، از میان برداشت. آزادگذاشتن بازار به حال خود و واگذاری مدیریت آن به عهدهٔ خود، تحت عنوان خودتنظیمی بازار، اثباتی در مقابل نفی مرزبندی‌های مورد اشاره بود. بحران جاری نشان داد که اگر آن مرزبندی‌های مصنوعی کارآمدی نیم‌بندی داشت، خودتنظیمی بازار همین‌قدر هم کارآمدی ندارد. به‌عنوان مثال، حلقه‌های زنجیر اعتبار که دیدیم جزیره‌ای عمل می‌کرد، در جایی هم که پای منافع مشترک پیش می‌آمد، از هیچ‌گونه تبانی بین خود و دیگر مشارکت کنندگان بازار فروگذاری نکرد. پشت پا زدن به استانداردهای پذیره‌نویسی، برخوردارکردن بسته‌های ناهمگن وام از درجهٔ اعتباری واحد و آن هم بالاترین درجه، و... نمونه‌های قابل ذکری است که شاهد مدعاست.

این بازار در طول دورهٔ شکل‌گیری بحران به حدی لجام گسیخته می‌شود که به قول آلن گرینسپان، بلندپایه‌ترین مقام پولی و بانکی امریکا ظرف سال‌های ۱۹۸۷ تا ۲۰۰۶، حتی اگر اقتدار کامل برای مداخلهٔ مقام پولی هم وجود می‌داشت، او نمی‌توانست جلوی بحران را بگیرد.

۱۵. سرمایهٔ مالی بازار سرمایه را دریایی بی‌کران فرض می‌کند. در جریان شکل‌گیری بحران مورد بحث، این دریای بی‌کران حداقل تا آن‌جا که مربوط به بازار مسکن بود، از بازار پول تغذیه می‌کرد؛ بازاری که هر تلاشی بکند، از جمله برداشتن مرزبندی بین بانک‌های تجاری و سرمایه‌ای و اهرمی‌کردن خارج از حد آن، بالاخره منبعی محدود است. بازار سرمایه تا توانست به پشتوانهٔ وام‌های پرداختی بازار پول، اوراق بهادار منتشر کرد و برای تداوم آن، بانک‌ها را ترغیب کرد تا حتی به قشرهای ضعیف جامعه که آشکار بود از عهدهٔ بدهی‌شان برنمی‌آیند، وام

1. conflict of interests

قابل اصلاح است یا نه، سؤالی است که پاسخ مثبت به آن می‌تواند به مفهوم امکان ادامهٔ حیات سرمایه‌داری مالی به شکل اصلاح‌شده تعبیر شود و پاسخ منفی، قطع امید از ادامهٔ حیات سرمایهٔ مالی به هر شکل، معنا دهد.

ضمیمه

سخنرانی «کریستوفر کاکس» رئیس کمیسیون اوراق بهادار و بورس آمریکا سخنان افتتاحیه در میزگرد کمیسیون اوراق بهادار و بورس دربارهٔ نوسازی سامانهٔ افشاگری کمیسیون اوراق بهادار و بورس

کمیسیون اوراق بهادار و بورس ایالات متحده آمریکا

واشنگتن دی. سی هشتم اکتبر ۲۰۰۸

صبح‌بخیر، جای بسی خوشوقتی است که ورود شما را به این جلسه خوش‌آمد بگویم و بسیار مفتخرم که امروز در جمع چنین هیئت مشاوران برجسته و میهمانان ممتازی هستم.

۷۵ سال قبل که کمیسیون اوراق بهادار و بورس بنیانگذاری شد، هدف مهم و اساسی آن اعاده اعتماد سرمایه‌گذاران به بازارهای سرمایه، از طریق فراهم‌آوردن اطلاعات موثق‌تر برای سرمایه‌گذاران و بازارهای سرمایه بود. امروز هم با اتکا به پیام اصلی آن هدف‌گذاری کار خود را ادامه می‌دهیم: سرمایه‌گذاران حق دارند از واقعیات و ریسک اوراق بهاداری که در بازارهای عمومی دادوستد می‌شوند مطلع شوند. هرگز در تاریخ این سازمان مأموریتی از این مهم‌تر، مناسب‌تر و فوری‌تر وجود نداشته است. بحران اعتباری جاری، اهمیت

شفاف‌سازی در بازار سالم و پررونق را و این‌که ریسک پنهان چقدر می‌تواند هزینه بر باشد، نشان داده است.

ابتکار کمیسیون ناظر به افشاگری در قرن بیست‌ویکم، امتحانی است دقیق و منضبط از چگونگی توانایی به انجام‌رساندن بهینه مأموریت ما و کمک به درک بهتر سرمایه‌گذاران از جزئیات گزارش‌های مالی و ابزارهای مالی پیچیده در بازارهای امروز. این مهم نه‌تنها استفادهٔ درست از سامانهٔ فعلی ما را ارزیابی می‌کند، بلکه به ما در جهت برنامه‌ریزی برای هدف قراردادن عدم شفافیت کافی، که نقطه کانونی مشکل امروز بازار می‌باشد، یاری می‌رساند.

اعضای این میزگرد، امروز این موضوعات را مورد بررسی دقیق قرار خواهند داد. برای این‌که به این بحث کمک کنم، مایلم بعضی از مهم‌ترین اقداماتی را که اخیراً این سازمان انجام داده تا نظم بازار را حفظ کند و از حقوق سرمایه‌گذاران حمایت نماید همچنین پاره‌ای از قابل توجه‌ترین چالش‌های جدیدی را که این روزها با آن مواجه هستیم شرح دهیم.

اگر مقدور بود نام و مشخصات فردفرد قریب چهار هزار پرسنلی که در این سازمان جهت حفظ حقوق سرمایه‌گذاران نبرد بی‌امانی را پی می‌گیرند، اعلام و از آن‌ها قدردانی می‌کردم.

تنها کاری که می‌توانم انجام دهم این است که از تمام اعضای این سازمان که در اینجا حضور دارند خواهش کنم به‌پا خیزند. از شما و تمام همکاران ما در اینجا ــ واشنگتن و سراسر کشور ــ تقاضا دارم سپاس و قدردانی ما را به‌خاطر فداکاری، میهن‌دوستی و خدمات عام‌المنفعه‌ای که ارائه می‌نمایند، پذیرا باشند. در وضعیت نابسامان کنونی، نیاز بازارها و سرمایه‌گذاران به شفاف‌سازی از هر چیز مهم‌تر است.

از لحظه‌ای که سقوط استانداردهای وام‌دهی موجب بی‌ارزش‌شدن میلیاردها ورقهٔ رهنی شد و میلیاردهای بیش‌تری ریسک پنهان ایجاد کرد، مشارکت‌کنندگان بازار برای کشف آن ریسک و محاسبهٔ هزینه‌ای که دربردارد دچار مشکلات عدیده‌ای شدند. ابزارهای مالی فاقد نقدشوندگی که تا همین اواخر از بالاترین

درجهٔ اعتباری (AAA) برخوردار بودند در اقلام خارج از ترازنامه و تحت عنوان اوراق بهادار ساختاریافته استتار شده بودند. برای بهبود و شفاف‌سازی روی بعضی زمینه‌ها کار کرده‌ایم که ازجمله می‌توانم به استفاده از اختیارات جدید خود تحت لوای قانون اصلاحی مؤسسات اعتبارسنجی جهت نشان‌دادن نقاط ضعف فرایند اعتبارسنجی و توسعهٔ قوانین و مقررات مستدل و محکم جدید اشاره کنم.

ما با همکاری نزدیک هیأت استانداردهای حسابداری مالی تلاش کردیم مسائلی چون تلفیق بدهی‌های خارج از ترازنامه، اعمال استانداردهای ناظر بر قیمت منصفانه در مورد بازارهای غیرفعال و نحوهٔ عملیات حسابداری حمایت بانکی از وجوه بازار پول را مورد بحث و بررسی قرار دهیم. ما بررسی میزان تأثیرگذاری کنترل‌های کارگزاری/ معامله‌گری را روی پیشگیری از انتشار اطلاعات نادرست آغاز کرده‌ایم. ما الزام کرده‌ایم که علاوه بر الزامات کنونی در خصوص گزارشگری «اتخاذ مواضع افزایشی» در مورد «فروش کاهشی» (یا فروش نسیه) هم الزام به ارائه گزارش افشاگری به سازمان ما وجود داشته باشد.

اما ورای تمام این فعالیت‌هایی که جهت افزایش شفاف‌سازی انجام شده، این سازمان قبل از هرچیز یک نهاد اجرای قوانین است. در آشفتگی بازار طی چندماه اخیر مردان و زنان حرفه‌ای و کارکشته ما به‌طور شبانه‌روزی و هفته‌ای هفت روز کار کرده‌اند تا نظاره‌گر بازاری پاسخگو و اجرای دقیق قوانین و مقررات ضدتقلب و رفتار غیرمنصفانه باشیم.

بخش اجرای قوانین این سازمان در سال مالی‌ای که هم‌اینک پایان یافته، دومین باری است که این تعداد دعوی را در طول عمر خود تجربه کرده است. برای دومین سال پی‌درپی، این کمیسیون تقریباً یک میلیارد دلار را به سرمایه‌گذارانِ خسارت‌دیده بازگردانده است و موافقت‌های اصولی اولیه با فروشنده‌های عمده، به سرمایه‌گذاران اجازه می‌دهد تا بیش از ۲۸ میلیارد دلار دریافت نمایند. با نهایی‌شدن پرداخت‌های مزبور بزرگترین تسویه حساب در تاریخ این سازمان تحقق پیدا خواهد کرد.

این سازمان در مبارزه با کلاهبرداری که عامل بحران ساب‌پرایم اخیر و اعتمادزدایی از بازار بود، جدیت خاصی از خود نشان داد. ما در این رابطه بیش از ۵۰ مورد دعوای در حال رسیدگی داریم. ما تنها در همین هفته با ۵ مورد کلاهبرداری کارگزارها در کالیفرنیا برخورد کردیم. آن‌ها صاحبان مستغلات را وادار می‌کردند وارد بازار پُر ریسک و ناپایدار ساب‌پرایم شوند و با دغل‌کاری اوراق بهادار مربوطه را که از عواید وام‌های رهنی تأمین می‌شد به آن‌ها می‌فروختند.

در هفته‌ای اخیر بخش اجرائیات عهده‌دار تحقیق سراسری درباره کلاهبرداری‌های بالقوه ناشران اوراق بهادار نهادهای مالی و دستکاری آن اوراق از طرقی چون سوءاستفاده از فروش کاهشی (یا فروش نسیه) و شایع‌کردن عمدی اطلاعات نادرست شد. به‌عنوان بخشی از این پی‌گیری مجدانه، کمیسیون در تاریخ نوزدهم سپتامبر گذشته مقرراتی را تحت لوای قانون مبادلات اوراق بهادار به تصویب رساند که صندوق‌های سرمایه‌گذاری پرریسک، کارگزار/ معامله‌گرها و سرمایه‌گذاران نهادی را موظف می‌ساخت با ادای سوگند گزارش‌های مربوط به فعالیت‌های تجاری و بازار خود را در اوراق بهادار شرکت‌های مالی به ثبت رسانند. این دستور نه‌فقط مشمول حال سهام سرمایه‌ای می‌شود، که سواپ نکول اعتباری را هم دربرمی‌گیرد.

به منظور تحلیل این اطلاعات، بخش فناوری سازمان به یاری‌بخش اجراییات آمده تا با همکاری یکدیگر پایگاه مشترک داده‌های مربوط به اطلاعات تجاری، حسابرسی و پایاپای سواپ نکول اعتباری را ایجاد کنند. دفتر تحلیل اقتصادی ما هم در پشتیبانی از این اقدامات، اطلاعات بازار در خصوص الگوی دستکاری احتمالی سهام سرمایه‌ای و ابزارهای مشتقه را مورد تجزیه و تحلیل قرار می‌دهد.

دلیل اجرای این تحقیق و تفحص دربارهٔ سواپ نکول اعتباری (CDS)، فرصت قابل توجهی است که برای سوءاستفاده و تقلب در بازار ۵۸ تریلیون دلاری آن وجود دارد. این بازار کاملاً فاقد شفافیت بوده و عمداً مقررات‌زدایی شده است.

سیاهچالهٔ مقرراتی سواپ نکول اعتباری یکی از قابل توجه‌ترین نکاتی است که در بحران اعتباری جاری با آن روبروییم. این وضعیت اقدام سریع قانونی را طلب می‌کند.

بازار فرابورس سواپ نکول اعتباری در سال‌های اخیر شاهد رشدی انفجاری بوده است. یکی از دلایل آن این است که مبلغ کل سواپ نکول اعتباری بسیار فراتر از ارزش کل آن چیزی است که این اوراق می‌خواهد آن را تضمین کند. لذا هنگامی که از ارزش طبقات دارایی کاسته می‌شود، ضرر به‌طور تصاعدی بیش‌تر شدهٔ سواپ نکول اعتباری می‌تواند منجر به افزایش ریسک کل نظام مالی شود.

با درنظرگرفتن هم‌ارزی بازار تریلیون دلاری سواپ نکول اعتباری، ملاحظه می‌شود که مبلغ فوق از تولید ناخالص داخلی تمام کشورهای کره‌زمین، روی هم‌رفته، بیش‌تر است. حجم این بازار که به‌زحمت می‌توان گفت ۱۰ ساله است، فقط ظرف دوسال گذشته دوبرابر شده است.

بازار سواپ نکول ارزی از لابلای شکاف‌ها و حواشی سیستم مقرراتی جاری که نه این کمیسیون و نه هیچ سازمان دولتی دیگر نمی‌تواند به آن دست یابد، تا این حد رشد یافته است. هیچ احدی اختیار و اقتداری برای نظارت بر این بازار ندارد. حتی نمی‌توان از آن خواست که به گزارشگری و افشاگری اولیه تن دهد.

بازار فرابورس سواپ نکول اعتباری، مؤسسات مالی عمدهٔ جهان و دیگر مؤسسات اقتصادی را در شبکه‌ای پیچیده از ارتباطاتی غرق کرده که ناکامی هریک از آن مؤسسات می‌تواند کل نظام مالی جهان را به مخاطره اندازد. این وضع برای اقتصاد بازار آزاد غیرقابل قبول است.

این ارتباطات پیچیده ریسک‌هایی به نظام مالی تحمیل می‌کند که ناشی از فقدان کامل اطلاعات دربارهٔ این‌که چه کسی طرف ریسک چه کس دیگری است می‌باشد. این ارتباطات کذایی وضعیتی را به‌وجود آورده که نه‌تنها مستعد شایعه‌پراکنی و دادن اطلاعات غلط است بلکه بالقوه موجب کلاهبرداری و فریب‌کاری می‌باشد. این موضوع نگرانی‌های بیش‌تری را دامن می‌زند، چراکه

بازار فرابورس سواپ نکول اعتباری، پدیدهٔ جدیدی را با خود به همراه دارد: فراز و فرود قیمت‌ها در بازار سواپ مورد اشاره به‌مثابهٔ علامتی به بازارهای دیگر برای قیمت‌گذاری بدهی‌های مبنا و سهام سرمایه‌ای است.

در روزهای اخیر ما شاهد بوده‌ایم که چگونه کاهش و افزایش هزینه‌های «سواپ نکول اعتباری مبتنی بر بدهی‌های یک مؤسسهٔ مالی» با تغییرات ارزش سهام آن مؤسسه همبستگی دارد. دستکاری این بازار کاملاً مخفی و فاقد مقررات می‌تواند روی قیمت‌ها در بازار تابع مقررات اوراق بهادار تأثیر بگذارد. از این رو، به‌نظر من باید کنگره وارد عمل شود و قوانین لازم برای نظارت مقرراتی بر بازار مورد اشاره وضع کند.

سواپ نکول اعتباری متضمن کاربری‌های مهمی است و نمی‌توان آن را به‌عنوان این‌که ذاتاً خوب و یا بد است نادیده گرفت. این نوع‌معاملات صرفاً قراردادهایی هستند که در مدت زمانی کوتاه رشد کرده و چنان ابعادی یافته که به‌طور فوق‌العاده‌ای در تمام زمینه‌های اقتصادی حائز اهمیت شده است. اما در شرایط امروز بازار که عدم قطعیت به‌عنوان دشمن قد علم کرده، لاپوشانی به اعتماد سرمایه‌گذاران ضربه وارد می‌سازد. شفاف‌سازی، پادزهر قدرتمندی است برای آنچه که بازارهای سرمایهٔ ما را به مخمصه انداخته است. هنگامی که سرمایه‌گذاران اطلاعات شفاف و دقیقی داشته باشند و وقتی که آن‌ها بتوانند دربارهٔ محل سپردن منابع مالی خود تصمیمات آگاهانه‌ای اتخاذ نمایند، پول و اعتبار دوباره جریان خود را از سر خواهد گرفت. این دلیلی است بر این‌که چرا آنچه شما امروز بر روی آن کار می‌کنید، اینقدر حائز اهمیت است.

اما هم‌اینک تنها وجه اختیار این کمیسیون در ارتباط با بازار فرابورس سواپ نکول اعتباری به اجرای قوانین مبارزه با کلاهبرداری و تقلب و مقابله با معاملات مبتنی بر اطلاعات محرمانه درون‌شرکتی محدود شده است.

درواقع قوانین اوراق بهادار دولت فدرال، به‌طور اخص این کمیسیون را از نظارت بر سواپ نکول اعتباری منع کرده است، حتی اگر بخواهیم آن را به‌عنوان یک اقدام بازدارنده علیه تقلب و کلاهبرداری مورد توجه قرار دهیم. این اوضاع و

احوال نمی‌تواند قابل دوام باشد. ما در چندماه اخیر شاهد گران تمام شدن جای خالی نظارت، در موارد دیگر بوده‌ایم. دیگر هیچ عذری برای کوتاهی در انجام اقدامات لازم، قابل قبول نخواهد بود.

لازم است مقرراتی وضع شود که به‌موجب آن معامله‌گران بازار فرابورس سواپ نکول اعتباری موظف باشند تا معاملات خود و گرفتن موضع در آن بازار را گزارش کنند. اعلام عمومی معاملات بازار فرابورس موجب شفافیت می‌شود و قیمت‌گذاری بهتر را تضمین می‌کند.

گزارش‌گری موضع‌گیری در بازار فرابورس سواپ نکول اعتباری را می‌توان از آن دسته فعالان بازار خواست که حجم فعالیت قابل توجهی در این خصوص دارند. این امر اطلاعات لازم را که تنظیم‌کنندگان بازار برای کشف دستکاری‌ها و کنترل ریسک لازم دارند، در اختیار آن‌ها قرار می‌دهد.

فرایند اساسی ثبت اسناد (دفترداری) معاملات بازار فرابورس سواپ نکول اعتباری هم ضرورت دارد. این فرایند می‌تواند به‌عنوان وسیله‌ای ارزشمند در امر مبارزه با تقلب مورد استفاده قرار گیرد.

هم به این سازمان و هم به کمیسیون معاملات آتی کالایی (CFTC) باید اختیار داده شود تا مقرراتی را برای مبارزه با کلاهبرداری و تقلب تصویب نمایند. این اختیارات می‌تواند در جلوگیری از شیوه‌ها و فعالیت‌های دغلکارانه و سوءاستفاده‌ها، کارساز واقع شود.

به‌دلیل ماهیتِ واقعاً جهانیِ بازارهای فرابورس ابزارهای مشتقه، ما باید همکاری تنگاتنگی با دولت‌ها و مجالس دیگر کشورهایی که مرکز بازارهای عمده‌ای هستند، داشته باشیم. شرایط برای چنین همکاری‌هایی مساعد است، زیرا تأثیرات فرامرزی مشکلات جاری بازار، می‌رود تا به‌سرعت بر همگان آشکار گردد.

علی‌رغم محدودیت‌های آشکاری که برای هر نوع اعمال نظارت بر بازار فرابورس سواپ نکول اعتباری وجود دارد، این کمیسیون، برای توجه‌دادنِ به نگرانی‌هایی که این بازار ایجاد کرده تحت لوای اختیارات قانونی موجود،

هرآنچه راکه بتواند به انجام می‌رساند. ما با فدرال رزرو، کمیسیون معاملات آتی کالایی (CFTC) و فعالان صنعت همکاری می‌کنیم تا یک یا چند مرکز همتا برای بازار مزبور به‌وجود آوریم. این گام مهمی است به‌سوی پیشگیری از تأثیر نامتناسبی که یک بازار به‌تنهایی روی کل بازارها می‌گذارد. ما هم‌چنین در حال ایجاد یک یا چند بازار سازمان‌یافته برای سواپ نکول اعتباری هستیم.

اما تقریباً تحت هر شرایطی، علی‌رغم امکان ایجاد بازار سازمان‌یافته برای سواپ نکول اعتباری، بازار فرابورس همچنان برقرار خواهد ماند. به همین دلیل، فقدان نظارت بر چنین بازاری موجب نگرانی بیش‌تری است.

به همین جهت باید اختیار مقررات‌گذاری محصولات مالی مورد اشاره را قانونمند کرد تا بتوان به حمایت از سرمایه‌گذاران قوت بیش‌تری بخشید و فعالیت منطبق بر ارزش منصفانه و نظام‌مند بازارها را تضمین کرد.

امیدوارم این نکات مهم در مورد بعضی از موضوعاتی که سرمایه‌گذاران و این سازمان با آن مواجهند مدنظر قرار گیرد و امیدوارم شما در جست‌وجوی یافتن راه‌های بهتری برای گره‌گشایی از پیچیدگی‌ها و ریسک لاپوشانی در بازارهای ما همت گمارید. من می‌دانم که هریک از شما تا چه حد نسبت به شفاف‌سازی و افشاگری متعهد هستید و من از این بابت از شما ممنونم.

اکنون وقت آن رسیده که شما نقش کلیدی خود را ایفا کنید. یک بار دیگر از حضور شما در این جمع تشکر می‌کنم و به نیابت از سرمایه‌گذاران امریکایی از کار و تلاش شما قدردانی می‌نمایم.

منابع و مآخذ

"America's economy getting worried downtown" (2007). *The Economists* (15 Nov).

BBC English Dictionary (1992). London: HarperCollins Publishers.

Beattie, Alan and Politi, James (2008). Greenspan admits to 'flaw' in ideology. [on-line] Available: www.washington.ft.com/UK [Accessed 24 October 2008].

Bishop, Paul and Dixon, Don (1992). *Foreign Exchange Handbook: Managing Risk and Opportunity in Global Currency Markets*, NewYork: McGraw-Hill.

Brokers (2007). "Bankers play subprime blame game". *Associated Press* (22 May).

Brown, Bill (2008). "Uncle Sam as sugar daddy". *MarketWatch* (19 Nov).

Christie , Les (2007). Homes: big drop in speculation. [on-line] Available: www.CNNMoney.com [Accessed 30 April 2007].

Cowen, Tyler (2008). "Did the Gramm-Leach-Bliey Act cause the housing bubble?". *Marginal Revolution* (19 September).

"CSI: Credit Crunch" (2007). *The Economist* (18 Oct)

"Declaration of the Summit on Financial Markets and the World Economy". *leaders of he Group of 20* (15 November 2008).

De Grauwe, Paul (2008). "We will never have a perfect model of risk". [on-line] Available: http://blogs.ft.com/wolfforum/2008/03/we-will-never-have-a-perfect-model-of-risk. [Accessed 19 March 2008].

Demyanyk, Yuliya and Hemert, Otto Van (2008). "understanding the subprime mortgage crisis". *Federal Reserve Bank of St. Leuis* (August).

Dilorenzo, Thomas J. (2007). The Government Created Subprime Mortgage Meltdown. [on-line] Available: www.lewrockwell.com [Accessed 6 September 2007].

Dowens, John and Goodman, Jordan Elliot (2006). *Dictionary of Finance and Investment Terms*, NewYork: Barron's.

Edwards, Franklin R. and Ma, Cindy W. *Futures and options, New York*: McGraw-Hill.

Gordon, Robert (2008). "Did Liberals Cause the Sub-Prime Crisis?". *The American Prospect* (7 April).

Greenspan, Alan (2008). "A response to my critics". *Financial Times* [on-line] Available: http://blogs.ft.com/wolfforum/2008/04/alan-greenspan-a-response-to-my-critics. [Accessed 6 April 2008].

"Greenspan says didn't see subprime storm brewing" (2007). *Reuters* (13 Sep).

"Greenspan sees signs of credit crisis easing" (2007). *Associated Press* (2 Oct).

Has the Housing Crisis Finally Arrived? (2007). [on-line] Available: www.trumpet.com [Accessed March 29 2007].

How Government Stoked the Mania, [on-line] Available: http://online.wsj.com/article/SB122298982558700341. [Accessed 16 Nov. 2008].

Hudson, Michael (2008). "Responses to "Alan Greenspan: A response to my critics". *Financial Times* (6 April).

Knox, Noelle (2006). "43% of first-time home buyers put no money down". USA Today (17 Jan. 2006).

Kolb, Robbert W. (1997). *Understanding future markets*, UK: Blackwell publishers.

Labaton, Stephen (2008). "SEC Concedes Oversight Flaws Fueled Collapse". *The New York Times* (26 September 2008).

Laird, Chris (2008). What just happened with AIG and what this means for you. [on-line] Available: www.kitco.com [Accessed 17 Sep 2008].

Lewis, Holden (2007). Moral hazard helps shape mortgage mess. [on-line] Available: www.bankrate.com [Accessed 18 April 2007].

Liebowitz, Stan (2008). "The Real Scandal". *New York Post* (5 February)

Miami's changing skyline: Boom or Bust?. [on-line] Available: www.Local 10.com/news [Accessed 11 March 2005].

Minsky, Hyman P. (1992). The Financial Instability Hypothesis, working paper no. 74. The Jerome Levy Economics Institute of Bard College. [on-line] Available: http://www.levy.org/pubs/wp74.pdf [Accessed May 1992].

Mortgage Bankers Association, [on-line] Available: http://www.mbaa.org. [Accessed 6 Dec 2007].

Pettifor, Ann and Bush, Janet (2003). *Real World Economic Outlook: the Legacy of Globalizatio,*. New York: Palgrave MacMillan.

Schranz, Mary S. (2008). "Responses to "Alan Greenspan: A response to my critics". *Financial Times* (6 April) posted on 7 April 2008.

Seidman, Ellen (2008). "The Leader, No, Larry, CRA Didn't Cause the Subprime Mess". Joint Center for Housing Studies of Harvard University (15 April).

Shiller, Robert J. "Infectious Exuberance". The Atlantic (July-August 8002).

Shostak, Frank (2007). Does the Current Financial Crisis Vindicate the Economics of Hyman Minsky?. [on-line] Available: http://mises.org/story/2787.

Sincere, Michael (2004). *Understanding Stocks*, New York: McGraw-Hill.

Stiglitz, Joseph (2008). How to Prevent the Next Wall Street Crisis. [on-line] Available: www.CNN Politics.com.

Subprime mortgage crisis (2008). [on-line] Available: http://en.wikipedia.org/wiki/Main_Page.

U.S. Securities and Exchange Commission, "Speech by SEC chairman: Opening Remarks at SEC Roundtable on Mdernizing the Securities and Exchange Commissions Disclosure System" (2008). [on-line] Available: http://www.sec.gov/news/speech/2008/spch100808cc.htm

Whalen, Christopher (2008). "Responses to "Alan Greenspan: A response to my critics"". (*Financial Times* 6 April).

What went Wrong ? (2008). [on-line] Available: www.washingtonpost.com [Accessed 15 Oct. 2008].

World Economic and Social Survey 2005: Financing for Development (New York: United Nations Publications, 2005), p 90-94.

اقبال‌آشتیانی، عباس (۱۳۸۴). **تاریخ مغول**، تهران: امیرکبیر.

انوری، حسن (۱۳۸۲). **فرهنگ فشرده سخن**، تهران: سخن.

«بررسی اجمالی: مبانی نظری خصوصی‌سازی» (۱۳۷۰). **بیان**، شمارهٔ ۱۴ (آذر).

بینا، سیروس (۱۳۸۷). «سرایت بحران مالی آمریکا به بازارهای جهانی». **سرمایه** (۱۶ مهر).

پورتر، تونی (۱۳۸۵). **جهانی‌شدن و مالیه**، ترجمهٔ علی حسینی‌خواه، تهران: مرکز ملی مطالعات جهانی‌شدن.

تاب، ویلیام (۱۳۸۷). «چهار بحران سرمایه‌داری». **سرمایه**، ترجمهٔ ف. م. هاشمی، (۲۲ دی).

حق‌شناس، علی محمد و سامعی، حسین و انتخابی، نرگس (۱۳۸۳). ***فرهنگ معاصر هزاره: انگلیسی-فارسی***، تهران: فرهنگ معاصر.

خضری، محمد (۱۳۸۰). «جهانی‌شدن اقتصاد؛ تهدید یا فرصت؟». ***فصلنامهٔ مطالعات راهبردی***، شمارهٔ ۱۳ (پائیز).

رشیدی، علی (۱۳۷۷). ***اقتصاد مردم‌سالار: بستر رشد جامعه مدنی***، تهران: مؤسسهٔ انتشارات آوای نور.

زمانی فراهانی، مجتبی (۱۳۸۳). ***پول، ارز و بانکداری***، تهران: ترمه.

عبده‌تبریزی، حسین (۱۳۷۷). **مجموعه مقالات مالی و سرمایه‌گذاری**، تهران: پیشبرد.

فرجی، یوسف (۱۳۸۲). ***پول، ارز و بانکداری***، تهران: شرکت چاپ و نشر بازرگانی.

قراگوزلو، محمد (۱۳۸۷). «چگونه وال استریت از پا درآمد؟: بحران مالی نئولیبرالیسم و پیامدهای سیاسی-اقتصادی آن». **اطلاعات سیاسی-اقتصادی** (مهر و آبان).

کمیجانی، اکبر (۱۳۸۲). **ارزیابی عملکرد سیاست خصوصی‌سازی در ایران**، تهران: معاونت امور اقتصادی وزارت امور اقتصادی و دارایی.

کیومرثی، مسعود (۱۳۸۴). **بازار رهن و نارسایی تأمین مالی مسکن**؛ بولتن ۲۸ ادارهٔ بررسی‌ها و سیاست‌های اقتصادی بانک مرکزی.

مریدی، سیاوش (۱۳۸۱). **فرهنگ مدیریت کسب‌وکار**، تهران: سازمان مدیریت صنعتی.

ندلر، پال اس. (۱۳۵۳). **بانکداری تجاری در اقتصاد**، ترجمهٔ نصرالله وقار، تهران: مؤسسهٔ علوم بانکی ایران.

نظربلند، غلامرضا (۱۳۷۹). «مدیریت خلاق رویارویی با نوسانات ارزی». **مجلهٔ پژوهشی دانشگاه اصفهان: علوم انسانی**، ۱۱ (شماره ۱ و ۲).

والدز، استفن و وود، جولیان (۱۳۸۶). **مبانی بازارهای مالی جهانی**، ترجمهٔ منوچهر فکری ارشاد، تهران: سازمان مدیریت صنعتی.

وهابی، مهرداد (۱۳۸۷). «بحران مالی جهانی و شکست الگوی سرمایه‌داری نئولیبرال (امریکایی)». **اطلاعات سیاسی-اقتصادی** (مهر و آبان).

نمایه